몬테레조
작은 마을의
유랑책방

Montereggio Vicissitudini di librai viaggiatori
da un paesino

몬테레조
작은 마을의
유랑책방

우치다 요코 内田洋子 지음
류순미 옮김

글항아리

차
례

언젠가 읽어야지 하며 쌓아둔 책은 없는가.

어느 날 무심코 읽기 시작했는데 너무 재미있는 나머지 책장을 넘기는 손이 멈추질 않는, 단지에서 끊이지 않고 보물이 흘러나오는 것 같은.

몬테레조 마을은 마치 그런 책 같다.

서가에서 꺼내주기를 조용히 기다리고 있다.

마을을 추천해준 사람은 베네치아에 있는 고서점 주인이었다. 마음이 무척 푸근해지는 곳이다. 말수가 적고 온화한 인상의 서점 주인은 아직 젊은데도 손님들의 까다로운 주문을 성가셔하지 않는 데다, 손님이 찾는 책은 반드시 찾아서 들고 온다(보통내기가 아니다).

서점 주인과 손님들이 책을 매개로 나누는 이야기가 무척 흥미로워, 굳이 책을 사지 않더라도 꼭 들르는 곳이었다. 엄청난 큐레이션에 감탄하며 어디서 배운 거냐고 묻자 하는 대답.

"대대로 떠돌아다니며 책을 파는 집안에서 태어났거든요."

뿌리를 찾아보니 토스카나주에 있는 몬테레조라는 산골 마을에 기원을 두고 있다고 한다.

"수세기에 걸쳐 그 마을 사람들은 유랑책방으로 생계를 이었어요. 지금도 매년 여름, 마을에서는 책 축제가 열려요."

놀라웠다.

광주리에 책을 가득 채워 짊어지고 이탈리아 방방곡곡을 떠돌아다닌 도붓장수가 있었다니. 그 덕분에 전국 각지에 서점이 생겼고 '읽는다는 것'이 널리 퍼졌다고 한다.

어째서 산에 사는 사람들이 먹을거리나 일용품이 아닌 책을 팔러 다니게 되었을까.

궁금함을 참지 못한 나는 무작정 마을로 향했다.

실로 먼 길이었다. 종착역에서 내려 돌다리를 건너고 산을 올라 사람들과 만났고, 낡은 앨범을 넘기며 산골짜기 식당에서 밥을 먹었으며, 수풀 사이를 헤치고 걷다가 교회 종소리에 전율했고, 강가에 자리한 숙소에 묵었다.

낯선 이탈리아가 여기저기 묻혀 있었다.

외딴 산마을에 책을 사랑하고, 책을 전해주는 일에 목숨을 바친 사람들이 있었다.

작은 마을에 있는 서점의 발자취를 쫓는 일은 사람들의 호기심의 행방을 엿보는 일이었다. 지금까지 기록되지 않았던 보통 사람들의 소소한 역사의 흔적이다.

얼마 남지 않은 후손들을 찾아 사라져가는 이야기를 물으며 다녔다.

　마치 무언가에 홀린 것처럼 온 힘을 다해 기록했다.

비엘라
토리노
노바라
밀라노
베네치아
몬페라토
피아첸차
몬테레조
제노바
볼로냐
라스페치아
피사
피렌체
코르시카섬
(프랑스)
라퀼라
로마
나폴리
사르데냐섬
팔레르모
시칠리아섬

이탈리아 공화국

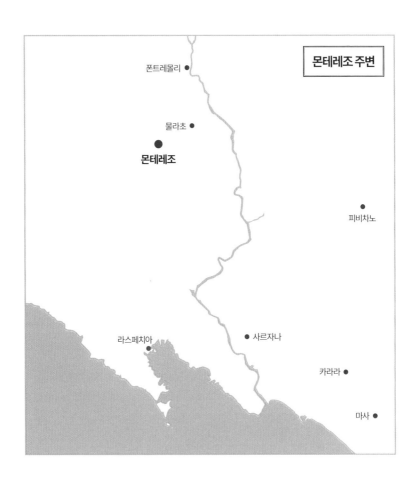

몬테레조 주변

폰트레몰리 ●

물라초 ●

● 몬테레조

● 피비차노

라스페치아 ● 사르자나

카라라 ●

마사 ●

프란치제나 순례길

영국

캔터베리
칼레
아라스
랑
랭스
샬롱앙샹파뉴
바르쉬오브
랑그르
브장송
퐁탈리에
스위스
프랑스
로잔
생모리스
아오스타
파비아
베르첼리
피아첸차
피덴차
폰트레몰리
루카
시에나
라디코파니
비테르보
로마
이탈리아

1

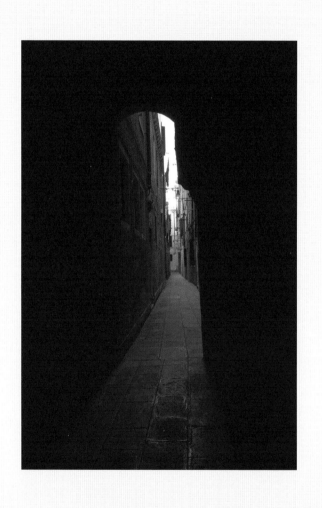

그것은
베네치아의 고서점에서
시작되었다

그 서점은 상점이 늘어선 좁은 길에서 한 번 더 꺾어 들어간 골목 안쪽에 있었다.

베네치아에 갈 때마다, 책을 살 일이 없어도 그 서점 앞을 지나기 위해 일부러 돌아가거나, 여유가 있을 땐 안으로 들어가 서가를 둘러보곤 했다.

서점은 모퉁이 건물 외벽을 따라 쇼윈도를 설치해놓았다. 유리 미닫이가 달린 목제 서가를 붙여놓은 소박한 것이다. 앞으로 툭 튀어나온 쇼윈도는 좁은 골목길의 3분의 1 정도를 차지하고 있다. 쇼윈도 안에는 대판大判으로 제작된 미술전 도록이나 사진집, 케이스에 담긴 역사 전집, 사가판私家板으로 보이는 얇은 시집과 요리책 같은 것이 한 권씩 쇼윈도 전면에 표지가 보이도록 세워져 있고 앞쪽 공간에는 눕혀서 진열되어 있다. 모두 고서적이다. 다채로운 표지는 낡은 천을 이어 만든 조각보 같다. 아스라한 형광등 불빛 아래 표지가 선명한 모습을 드러내고 있다. 대부분 그다지 알려지지 않은 책들로 표지에는 '－50퍼센트'라고 적힌 쪽지가 붙어 있다. 누렇게 변하고 모서리는 둥글게 닳아 있는데도 책의 품격이랄까, 관록이 쌓인 자태로 놓여 있다.

베네치아는 간석지에 세워진 도시다. 계절을 불문하고 습도가 높은데, 심지어 뒷골목엔 하루 종일 볕이 들지 않는 곳도 허다하다. 서점도 그런 곳에 있었다. 환상적인 베네치아의 어두침침한 뒷골목에서 고서적을 파는 서점은 다른 차원으로 향하는 문처럼 보였다.

뒷골목에 있는 데다 쇼윈도의 유리 미닫이는 나무 테두리만 두른 간소한 것이어서, 돌이나 막대기 같은 걸로도 간단히 부술 수 있지 않을까, 그곳을 지날 때마다 염려가 됐다. 하지만 지금까지 단 한 번도 부서져 있는 걸 본 적이 없을 뿐 아니라 망가지거나 깨진 모습조차 보질 못했다. 언제 가도 투명하게 닦인 유리 너머로 다양한 책이 정연하게 진열되어 있다. 그러던 어느 날 나무로 만든 테두리와 판자 덕에 쇼윈도 안의 통기성이 유지되어 습기가 차는 것을 막아주고 있다는 사실을 깨달았다. 서가가 지면에서 50~60센티미터쯤 위에 설치된 것도 아마 마을을 곧잘 덮치는 홍수로부터 책을 지키기 위함이리라.

오래된 책들은 익숙한 베네치아의 공기를 들이마시고 내쉬며 적당한 습기를 품어서인지 참으로 편안해 보였다. 낡긴 했어도 살아 있다.

마치 곤돌라 같다.

나무로 만든 곤돌라는 수로를 따라 돌며 일상생활의 소음과 냄

새와 물을 빨아들여 오롯이 품었다가 고이 돌려보낸다. 배에는 수많은 베네치아가 새겨져 있다. "곤돌라는 요람이자 관이다"라고 했던 괴테의 말이 떠오른다.

오래된 책들은 쇼윈도의 나무 테두리 안에서 책장 사이에 온갖 시간을 품고 누군가의 손길을 기다리고 있었다.

시사 보도 일을 하다 보니 이동할 일이 많다. 사건 현장으로 가거나 혹은 기삿거리를 찾아 길을 나서기도 한다. 처음 가보는 곳이 많다. 낯선 그곳엔 의지할 지인도 전혀 없고 지리감도 없다. 그럴 때는 오래된 숙소에 묵거나 숙소와 연계된 택시를 타보기도 하고 서점을 찾아가기도 한다. 때론 서점이 없는 마을도 있다. 아무리 한계마을이라 해도 잡화점 하나는 있기 마련이다. 일용품과 식재료를 취급하고 간단한 식사도 할 수 있는 가게 한쪽에 신문과 잡지도 팔고 있다. 깊은 두메산골이나 외딴섬은 신문이 있더라도 며칠 지나 있기 일쑤다.

"책이라고? 아직 남아 있으려나 모르겠네요."

갑작스런 주문에 가게 주인은 고개를 갸웃하더니 안으로 들어간다. 과자와 통조림, 나사와 전구가 진열되어 있고, 그 옆으로 꿰다 놓은 보릿자루마냥 신문과 잡지가 놓여 있다. 그 뒤 선반에는 공책과 파일이 있고 몇 권의 책도 보인다.

"옆 마을에 사는 마리오 씨가 쓴 책이라오."

『마을 축제 역사』

출판사는 처음 보는 이름이다. 자비 출판이라서 근처 인쇄소 이름일지도 모른다.

"마리오 씨를 직접 찾아가보는 건 어때요?"

책을 펼쳐 판권장까지 들춰보고 있는 내게 가게 주인이 조심스레 말을 건넨다…….

어떤 책이라도 건질 정보가 있다. 한 권의 책이 예기치 못한 만남으로 이어지기도 한다. 낯선 땅과 낯선 사람들이 책을 통해 다가오는 순간이다.

대형 혹은 중견 출판사나 보도 기관 대부분이 이탈리아 북부에 밀집해 있기 때문에 나는 거점을 밀라노에 두고 있다. 국내외의 주요 도시와 연락도 편리한 데다, 이동이나 면담을 위해 시간을 허비하지 않아도 좋다. 당일치기나 1박2일 정도면 용건을 대부분 마무리할 수 있다.

베네치아도 특급열차로 두 시간 반이면 간다. 중요한 미술 전시나 강연 및 문화 행사가 많아 자주 가는 편이다. 그러나 베네치아는 항상 관광객으로 북적여서 제대로 걷기조차 힘들고 숙소 잡기도 어려울 뿐 아니라, 물가도 비싼 데다, 로망과 신비스러움 때문에 업무 중임에도 무심코 정신을 팔 때가 있다. 용건을 짧게 매듭짓고, 가능한 한 당일치기로 다녀올 수 있게끔 계획을 짠다.

베네치아에서의 이동은 수상버스 외에는 걷는 수밖에 없다. 혼잡한 길을 걸으려면 짐은 최소한으로 줄여야 한다. 사람이 많은 곳을 피해 현지의 지인이 가르쳐준 샛길을 찾아 걷는다. 건물과 건물이 아슬아슬하게 맞닿은 틈새를 요리조리 빠져나간다. 한 사람이 지나기에도 빠듯한 샛길은 비가 와도 우산을 펼 수 없을 정도다. 이 정표가 될 만한 상점도, 호텔도, 식당도 없지만 벽마다 피어 있는 검푸른 곰팡이의 모양이 다 다른 데다 자주 다니다보면 발바닥에 닿는 납작한 돌길의 울퉁불퉁한 감촉도 기억하게 된다.

겨울이었다. 바람을 타고 가랑비가 내리는 길은 이제 막 점심때를 지났을 뿐인데도 온통 무채색으로 잠겨 있었다. 산마르코 광장에서 볼일을 마치고 서둘러 역으로 향하는데 쇼윈도가 시야에 들어왔다. 항상 다니는 샛길이었다. 매번 지나는 길이었는데도 지금까지 못 보고 지나쳤던 것이다.

'전부터 있었던 걸까?'

여우에 홀린 듯 쇼윈도로 다가서니 안에는 많은 책이 진열되어 있다. 옆으로 난 유리문을 밀고 들어선 순간, 천지사방에서 책들이 훅하고 다가온다. 중앙에 자리한 매대에도 책이 수북이 쌓여 있다. 벽면은 온통 서가로 꾸며져 있고, 바닥에는 발 디딜 틈도 없이 수많은 박스가 놓여 있다. 가게 입구 쪽에 겨우 사람이 지나갈 만한 공간이 있긴 했지만, 좌우로 쌓인 책들이 튀어나와 있어 몸을 옆으로 기울여야만 한다. 이러지도 저러지도 못하고 꼼짝없이 발이 묶인 나를 안쪽에 있던 손님들은 힐끗 쳐다만 볼 뿐 이내 책더미 쪽으로 시선을 옮긴다.

책더미 속에 앉아 있는 사람이 주인이리라. 컴퓨터와 전화를 놓아둔 자리를 빼면 공간이라곤 엽서 한 장 간신히 놓아둘 정도밖에 남지 않은 책상에서 메모를 하거나 검색을 하고 있다.

숱한 책들은 아무렇게나 쌓아둔 것이 아니었다. 책더미마다 테마별로 구분해두었다. 내용도 판형도 제각각이었지만 전부 고서적이었다.

"우리 책은 모두 베네치아 미술에 관한 거예요."

하던 일을 얼추 마무리했는지 주인은 처음 보는 내게 서점에 대해 설명하기 시작했다.

이야기를 듣고 다시 책더미를 둘러본다.

역사, 문예, 경제, 정치, 종교, 예술, 의학, 약학, 과학, 법학, 건축, 스포츠, 요리, 여행, 지도, 해도, 조류도감, 농업, 어업, 공예, 정원, 식물도감, 어패류도감, 선박도감, 예의, 작법, 예능, 패션, 민화, 사진, 전람회 도록……

상상할 수 있는 모든 것이 다 있다. 그것은 세분화된 베네치아였다.

모두 단 한 권씩이다. 오늘 사지 않으면 두 번 다시 입고되지 않을 수도 있다. 일생에 단 한 번뿐인 인연으로 만난 책들을 눈앞에 두고 감탄하는 내게 단골손님들은 맞아, 맞아 하며 맞장구치듯 고개를 끄덕인다.

티치아노 화집의 강렬한 붉은 빛.

베네치아어로 쓰인 카를로 골도니의 희곡 전집.

중세의 항로도.

간석지 어업의 기록.

카니발 의상의 변천.

다 갖고 싶었다. 하지만 하나같이 두꺼워 도저히 들고 걸을 만한 무게가 아니었다.

"기다릴게요. 언제든 다시 오세요."

빈손이었지만 몹시 달뜬 마음으로 가게 주인의 목소리를 뒤로하고는 역을 향해 서둘러 걸었다.

그로부터 몇 해가 흘렀다. 기회가 되어 베네치아에 살게 되었다.

방문하는 것과 사는 것에는 차이가 있어 마을을 대하는 태도가 전혀 다르다. 가장 큰 차이는 전철 시간에 구애받지 않고 산책을 다닐 수 있다는 것이다. 목적도 없이 집을 나선다. 무작정 발길 닿는 대로 낯선 골목길을 걷는다. 길을 잃을수록 베네치아의 품속으로 비집고 들어가는 것 같아, 사는 사람만 느낄 수 있는 재미와 우월감을 맛본다. 그리고 무엇보다 '베르토니 서점'에 들러 마음껏 둘러보고 마음에 드는 책이 있으면 사서 돌아올 수 있어 행복했다.

책이라는 산을, 기슭에서부터 한 발 한 발 오르면서 때로는 터널을 빠져나가기도 하고 험한 길에서 헤매기도 한다. 책의 능선에서 바라보는 베네치아는, 서점에 갈 때마다 달라졌다. 가게 주인 알베르토가 박스에서 꺼내 직접 한 권씩 책장을 넘겨가며 분류해, 위치를 조금씩 바꾸고 있었기 때문이다. 방대한 양에도 불구하고, 그는 책마다 있어야 할 자리를 찾아준다. 매대 구석에 아무렇게나 놓아둔 것처럼 보여도, 실은 그곳이 가장 먼저 손님의 눈에 띄는 자리이

기도 했다. 혹은 간단히 찾을 수 없을 정도로 안쪽 서가로 옮겨지는 책도 있다. 누군가 주문한 것일지도 모른다.

와인처럼 숙성하면 할수록 훌륭해지는 책도 있냐고 물었더니

"오래 묵힐수록 가치가 올라간다는 식으로 장사하진 않아요."

알베르토는 '−50퍼센트'의 파본들을 한곳에 쌓다가 손을 멈추고 고개를 가로저으며 대답했다.

책은 서점의 세포다. 자주 정리를 해서인지 서점 안은 항상 생기가 넘친다. 헌책임에도 함부로 놓이거나 늘어져 있지 않다. '읽어줘! 읽어줘!' 누군가가 찾아주길 안달하는 모습이다. 이제 막 인쇄되어 나온 책처럼 생기가 넘친다.

서가는 서점 주인을 닮는다. 단골손님들은 책을 찾으러 오는 것 같지만 사실은 알베르토와 이야기를 나누고 싶어 찾아온다. 동네 주민뿐 아니라 다른 도시에서도 미술이나 건축 전문가들이 찾아오는 듯했다. 그들은 최근에 읽은 책과 보고 들은 정보를 나누고, 지인들 이야기를 한다. 가끔 옆에서 책을 보고 있던 다른 손님도 끼어들어 책에 대한 감상을 열렬히 주고받거나, 화제가 뜬금없이 신작 영화나 여행지로 튀기도 한다.

알베르토는 싱글벙글 웃으며 손님들의 이야기에 귀를 기울이고 있다. 손님들의 수다가 잠시 멈춘 틈을 타,

"이 책은 어떤가요?"

절묘한 타이밍에 뒤쪽 서가에서 책을 한 권 꺼내더니, 손님들에게 보인다. 방금 수다 속에 나왔던 내용이 들어 있는 책이다. 우와,

하는 감탄사가 일제히 터진다.

"그렇다면 당연히 사야지."

감사합니다. 또 오세요.

베네치아에 살기 시작하고 얼마 안 되어, 외딴섬의 하나인 주데카섬 근처에서 여자 사체가 발견됐다. 목과 손목이 없는 사체. 엽기적인 살인 사건은 피해자의 신원을 밝힐 수 없어 용의자도 검거되지 않은 채 며칠이 흘렀고, 마을에는 수상쩍은 기운이 감돌았다.

심지어 추적추적 비까지 내리는 바람에 암울. 기분 전환이 필요하다 싶어 서점에 가기로 했다. 서점을 드나들며 알게 된 점인데 계산대 옆에는 막 사들인 책이나 주인이 추천하는 책이 쌓여 있었다. 그 사실을 잘 아는 단골들은 가게 안쪽으로 들어가기 전에 '좋은 책 들어왔나?' 하고 인사 겸 주인에게 묻는다. 주인이 다른 일을 하느라 바쁠 때는, 익숙한 손놀림으로 계산대 옆에 쌓인 책을 뒤지기 시작하는 것이다.

기분 전환이 될 만한 책은 없을까, 하고 나도 단골손님처럼 계산대 쪽으로 시선을 돌려보았다.

『베네치아의 형무소』

『개펄과 외딴섬의 미스터리』

『주데카섬의 역사』

……

가게 주인은 등을 돌린 채로 묵묵히 서가를 정리하고 있다.

어느 날, 일본의 잡지사에서 원고 청탁이 왔다.

'이탈리아의 하수도에 대한 에세이를 부탁합니다.'

산책을 하고 돌아오는 길에 서점에 들러, 이런 별스러운 의뢰에 대해 알베르토 씨와 상의했다. 그러자 그는 입구 쪽에 있던 박스를 뒤적이더니, 이거다! 하면서 기쁜 듯 외쳤다.

『베네치아 상하수도의 원리』

간석지의 단면도를 표지로 삼은, 무척 소박한 장정본이다.

"어제 막 들어온 책이에요. 저자가 열렬한 연구자 같아서 내용이 좀 빡빡할지도 모르겠지만."

알베르토가 대수롭지 않은 양 말했다. 마치 내가 찾으러 올 것을, 책과 함께 기다렸다는 듯이 말이다. 어안이 벙벙한 채로 책장을 넘겨보니 사진, 스케치와 함께 치밀한 도표와 수식, 기호가 즐비하다. 도시 건축, 공학, 생화학 등의 지식을 구사해 정리한 책이라는 건 일반인이 봐도 명백했다. 망설이다 결국 단념하고 집으로 돌아왔으나, 하루가 지나자 마음이 변했다. 아침 일찍 서점을 찾아가자,

"그런 유의 논문집은 발이 빠르죠."

책은 없었다.

그런 연유로 '베네치아를 무대로 한 여성의 이야기'라는 원고 청탁을 받았을 때는 즉시 서점으로 달려갔다.

여자, 여자, 하고 중얼거리면서 알베르토가 책 사이를 누비더니, 여기저기서 여러 권의 책을 뽑아 들고 왔다.

『베네치아의 여자들: 중세의 귀부인에서 페기 구겐하임까지』

『베네치아 공화국의 영부인들』

『18세기의 매춘부』

『할머니의 시골 밥상 레시피』

"여자, 라고만 하면 워낙 광범위해서……."

일단 가져가서 읽어보고 필요 없는 책은 다시 가져오라며 책값을 받지 않았다.

이 서점에서 책을 사는 사람은 반드시 다시 와서 또 다른 책을 사게 된다. 신간도 사고 도서관도 이용하지만, 그래도 또다시 알베르토의 서점에 가게 된다. 먼바다로 나갔던 배가 언젠가 반드시 고향으로 돌아오듯이.

손님들이 책을 살 필요가 없는데도 굳이 서점에 들르는 이유는, 단순히 책이 좋아서만이 아니라, 자신의 속내를 그에게 들려주고 싶어서가 아닐까.

읽고, 읽히고.

알베르토의 서점은, 내게 있어 베네치아의 항해사이자 지식 창고였다. 모르는 게 있으면 일단 서점으로 간다. 자료가 될 만한 책이 있을까. 비슷한 책이 많이 있을 때, 어떤 게 좋을까. 알베르토에게 물으면 어려운 문제라도 절대 물러서지 않고 "아버지께 물어볼게요"라고 한 뒤 대답해주곤 했다.

수년 전에 그의 아버지는 알베르토에게 서점을 맡기고 은퇴했지만, 지금도 아들이 쉬는 주말이면 교대 요원이 되어 서점에 나온다. 책에 둘러싸여, 항상 싱글벙글 웃고 있다. 눈이라도 마주치면 "뭘 찾으시나요?"라며 심한 베네치아 사투리를 써가며 빠른 어조로 묻는다. 고개를 갸웃거리며 기다리는 모습은, 충실한 집사나 눈치 빠른 지배인 같다. 노인 특유의 완고함이나 거드름이 없다. 겸손하고 온화한 인상이다.

평일과 공휴일은 손님층이 다르다. 선대인 아버지의 손님과 지금 주인인 알베르토의 손님으로 나뉜다. 가게 주인이 바뀌면 손님들의 수다 내용도 달라진다. 선대는 책에 대해서뿐 아니라 그 저자에 대해 혹은 도록 같은 경우엔 전시회가 열리던 당시의 문전성시 상황과 평판 등 책이 읽혔던 시대까지 또렷이 기억하고 있다. 화제는 여러 갈래로 뻗어나가기 일쑤고, 함께 담소를 나누는 손님들도 나이가 지긋해서인지 희미한 기억을 더듬어 당시를 회상하는 이야기는 끊길 줄 모른다. 공휴일에 서점에 가면 타임머신을 탄 듯한 기분을 느낄 수 있다.

이 서점의 역사는 고스란히, 베네치아에서 읽혀온 책의 역사일지도.

눈앞에서 역사의 두루마리가 펼쳐지는 모습을 구경하고 있는 것 같다. 감탄하는 나에게,

"아니라오, 제 할아버지가 창업한 서점이니 아들은 4대째죠. 저희 친가는 베네치아가 아니라 토스카나주 출신이거든요."

토스카나주라고요? 피렌체?

또다시 아니라고 고개를 저으며 무척 자랑스러운 얼굴로 말했다.

"몬테레조입니다."

2

바다신과
산신

베네치아에서 책을 좋아하는 사람들이 모이는 서점이니, 당연히 수세기 전부터 이곳에서 책을 팔아왔을 거라고 생각했다. 관광객으로 붐비는 지역에서 벗어난 곳이지만, 특별히 불편한 지역도 아니다. 샛길만 잘 익혀두면 산마르코 광장까지 10분이면 갈 수 있다. 주위에 있는 몇몇 작은 광장과, 지역 주민들이 가는 경양식집이나 바르 bar(술과 가벼운 식사를 겸할 수 있는 카페. 식사 중심의 리스토란테바르, 커피 중심의 카페바르, 아이스크림 중심의 젤라테리아바르 등이 있다―옮긴이)를 잇는 동선 위에 있다.

"시간이 조금 남으니 서점이라도 둘러봐야지."

"이건 서점 주인에게 부탁해야겠다."

휴게소라고나 할까, 중계점이라고나 할까. 관광객들로 붐비는 거리에서, 동네 사람들의 편리한 장소로 이용되고 있다.

사람이 너무 많이 들락거리는 서점은 정신 사납다. 하지만 반대로 숨죽인 채 책을 골라야 하는 서점도 답답하다. 조명이 너무 밝지도 너무 어둡지도 않은, 넓지도 좁지도 않은 서점에, 두세 명의 손님. 그리고 서점 주인. 나머지는 책. 게다가 취급하는 건 고서적뿐이다. 간간이 들려오는 건 책장을 넘기는 소리 정도다. 이상적인 서점을 구현한 듯한 곳이다. 목 좋은 자리에 터를 잡기 어려운 베네치아에서, 이 정도로 입지 조건이 좋은 곳에 점포를 낸다는 걸 신참은 꿈도 못 꾸리라. 상당히 오래된 가게임이 분명하다……

그런데 들어보니 지금 가게 주인은 4대째에 불과하고, 게다가 이곳에 개업한 증조부는 토스카나에서 온 이주민이었다고 한다.

3대 주인인 노인은 마치 물어봐주기를 기다렸다는 듯 서가에서 지도를 꺼내 좍 펼치더니, 증조부의 출신지를 손가락으로 가리켰다.

'몬테레조'라고 적힌 주변에는 아는 지명은커녕 온통 산맥뿐이다. 공백이 많은 땅. 피렌체가 주도인 토스카나주에 속해 있지만, 제노바가 있는 리구리아주와의 경계선이 바로 옆을 지나고, 북쪽으로는 곧장 볼로냐가 주도인 에밀리아로마냐주와의 경계다. 중요한 세 개 주에 둘러싸여 있지만 어느 주와도 가깝지 않았다. 교통 시설이라곤, 굵은 선으로 표시된 도로가 근처 산악지대의 산기슭에서 툭 끊겨 있다. 지도상으로 보기만 해도 꽤나 오지에 있다는 인상을 받았다.

아름다운 자연환경을 가졌을 뿐 이렇다 할 특색 없이 세상에서 잊힌 마을은 허다하다. 서점의 초대 주인 역시 그런 산골짜기 고향을 떠나 도시에서 다른 인생을 살아보고 싶었는지도 모른다. 중세 이전부터 교역으로 번성하면서, 수세기에 걸쳐 세상의 정보와 인재와 재원이 모였던 베네치아다. 이왕이면 최고가 되기로 작정한 것은

아니었을까.

"그런 큰 뜻이 있었는지 어땠는지는 모르겠지만…… 예로부터 몬테레조의 사내들은 타지를 떠돌며 행상을 하는 팔자를 타고났죠. 아마 그래서일 거요."

고향 마을이 가난해 타지로 돈을 벌러 나가는 일은 새로울 게 없다. 늙은 서점 주인이 열심히 설명하는 것을, 어차피 선조의 자랑으로 끝나겠지 싶어 설렁설렁 맞장구를 쳐가며 흘려듣고 있었다. 행상을 했다는 건 특산품이 있었으니까 가능했겠죠, 하고 말하자,

"팔뚝 힘이었죠, 사내들의. 그게 안 되면 책을 짊어지고 팔러 다녔어요."

3대 주인은 턱을 들어올리며 대답했다. 변함없는 심한 베네치아 사투리에 빠른 어조였다.

지금 '팔뚝 힘'이라고 말씀하셨죠? 그리고 뭐라고요? '책?'

어이없어하며 되묻는 내게,

"남자 일손이 필요한 농촌에 돈을 벌러 갔단 말이오. 경기가 안 좋으면 타지에도 일자리는 없죠. 마을에는 특별히 내다 팔 물건도 없었고. 그래서 책을 팔았어요."

와인 축제나 소시지 축제, 버섯 축제에 오리 축제…… 농번기인 여름부터 수확철인 가을까지는 이탈리아 각지에서 다양한 축제가 열린다. 농업과 목축업에 종사하는 사람들이 수확한 작물을 가져와 요리를 만들고 먹고 마시며 춤추고 노래하는 가운데 서로를 치하한다.

"몬테레조의 감사제는 그래서 책 축제가 되었어요."

베네치아의 서점 주인으로부터 두메산골의 여름 축제 이야기를 듣고, 또 한 번 놀랐다. 오리나 포카치아 대신에 책을 안주 삼아 춤을 추다니.

베네치아는 중세의 필경 시대부터 서양의 오랜 출판 문화의 중심지였다. 시대가 바뀌면서 각 도시에도 인쇄소와 출판사가 생겨나기 시작했다고 하니, 깊은 두메산골 그 작은 마을에도 독특한 출판사가 있었을지 모른다. 어쩌면 산에서 자라는 나무로 종이를 만들다가 책까지 만들게 되었는지도 모른다. 아니면, 소나 양 같은 가축들의 가죽으로 책을 만들었을 수도……

베네치아 국립도서관에서 본, 수세기 전의 필사본과 해양도를 떠올린다. 책상에 다 펼칠 수도 없을 정도로 큰 필사본은 아름다운 서체로 기록된 고대 그리스어나 라틴어 본문에, 첫 장, 첫 글자는 화려한 장식으로 꾸며져, 한 장의 회화를 보는 듯했다.

"아니, 그냥 헌책이었소."

내가 옛 장식 필사본을 연상하고 있다는 걸 알아차리기라도 한 듯, 늙은 서점 주인은 대수롭지 않게 말했다.

"아버지도 또 그 아버지도, 선조들은 모두 헌책을 파는 유랑책방으로 생계를 꾸렸다오."

집에 돌아와, 다시 한번 찬찬히 지도를 살펴본다. 늙은 서점 주인이 한 말이 이해가 잘 되지 않았다. 산에서 갑자기 책이라니 너무 심한 비약이었다. 마을에 특산품이 없어서 사내들은 책을 팔러 타지

를 돌아다녔다? 인쇄소도 없는 마을의 가업이 어째서 유랑책방일
까? 어디에서 책을 구해, 누구에게 팔았을까…….

인터넷 검색 시작. 항공사진을 바라본다. 산, 계곡 그리고 또 산
이다. 마을의 개요에서 시작해 전통 행사, 특산물, 자연환경, 역사,
유적, 인구 추이까지. 희미하게 윤곽은 드러났지만, 일상에 대한 자
세한 자료는 없었다. 흩어져 있는 정보라곤 천재지변이 있던 해와
고위 성직자의 이름뿐으로, 역사의 조각보를 잇는 것만 같다. 한 장
의 천에 이어 붙이면 어떤 모양이 될까.

뒷골목 고서점의 쇼윈도를 떠올린다. 시대와 분야가 다른 책 여
러 권이 서로 다른 표지로 하나의 풍경을 만들어내던. 『아무도 아
닌, 동시에 10만 명인 어떤 사람』* 같다.

"한번 가보세요."

이튿날, 고서점을 다시 찾아가니, 늙은 주인은 그 말만 했다. '가
보세요.' 그러자 서점 안의 모든 고서적이 일제히 표지를 펄럭이는
것처럼 보였다.

몬테레조의 마을 축제는 매년 여름에 개최한다고 한다. 찾아보
니, 몇 년에 한 번꼴로 드문드문 책 축제에 관한 정보가 있었지만, 기
사는 하나같이 비슷했다. 재탕 삼탕으로 올린 것 같다.

---

* *Uno, nessuno e centomila*. 1934년에 노벨문학상을 수상한 이탈리아의 극작가, 소설가,
  시인인 루이지 피란델로Luigi Pirandello의 작품(김효정 옮김, 최측의농간, 2018).

인용의 근원지는 마을 사람들이 몬테레조 마을을 소개하기 위해 만든 사이트 같았다. 자주 갱신되는 건 아니었지만 벽에 사용한 돌이나 산에 자라는 나무까지, 마을을 둘러싼 요소는 거의 빠짐없이 기록하려는 의지가 엿보였다. 무엇보다 놀란 것은, 소개문 첫 문장에 마을의 위치를 알리는 경도와 위도, 표고가 적혀 있던 것이었다. 글을 올린 사람이 무척 꼼꼼하고 성실한 사람인 게 틀림없다. 세세하게 분류한 항목마다, 지명과 인명이 작은 폰트로 기재되어 있다. 본문이나 사진을 클릭해도 관련 링크로 연결되지는 않았다. 열심히 조사해서 알게 된 순서대로 항목별로 나누어, 화면에 붙인 듯했다. 성실한 학생의 필기노트 같다.

화면을 둘러봐도 사이트에는 광고 하나 붙어 있지 않다. 매년 여름, 책으로 마을 축제를 연다고 하는데, 출판사의 광고조차 없다. 버스나 철도회사의 링크도 없다. 숙소나 음식점 안내도 없다. 몬테레조라는 마을에 관한 것으로만 응축된 덩어리가 인터넷이라는 공간에 떠 있다. 다른 힘은 빌리지 않고, 간섭받지 않고, 아첨하는 일 없이 존재한다. 가식 없는 설명이 이어진다. 소박한 구성으로, 결코 편리한 사이트라고는 할 수 없는 데다, 누가 봐도 일반인이 만들었다는 인상을 지울 수 없다. 하지만 그것이 만든 사람들의 솔직담백함과 열의를 대변하고 있는 듯해, 읽다보니 가슴이 점점 먹먹해져왔다.

이 사람들은 진심으로 몬테레조를 자랑스러워한다.

"……"

전화 저편에서는, 대답을 못 하고 있다. 마을 소개 사이트 구석에서 운영 사무소 연락처를 발견하고 인터뷰를 위해 편지를 쓰기 시작했으나, 조금이라도 빨리 방문해 사이트를 만든 사람들과 만나보고 싶다는 생각에, 무작정 전화를 걸었던 것이다.

나는 일본과 이탈리아를 오가며 매스컴 관련 일을 하고 있다는 것.

베네치아에서 알게 된 고서점 주인에게 몬테레조에 대해 들었다는 것.

마을 사내들은 대대로 책을 팔아 생계를 유지했다고 들었다.

책이 주인공인 여름 축제가 있다고?

그 산속에서 어째서 책인가?

마을에 관한 사이트를 보고 감동을 받아 이렇게 전화를 하게 되었다.

등등 나는 쉬지 않고 내가 하고 싶은 말만 쏟아냈다. 당장이라도 마을을 방문해보고 싶은데, 라고 말하고 나서, 일단 말을 멈추고 상대방의 대답을 기다렸다.

"우리 마을에 관심을 가져주셔서 감사합니다."

잠시 뜸을 들이더니, 수화기 저편에서 조심스런 대답이 들려왔다.

"사이트를 만든 마을 대표이고, 자코모 마우치라고 합니다."

조용하고 예의 바른 대응은 '상상한 대로'라서 나는 하늘을 날 것 같은 기분을 애써 누르며, 답사를 겸해 이번 주말에라도 마을을 방문하고 싶다고 전했다. 이어서 마을까지 차로 가는 방법을 물어보고, 이른 봄이라 가는 길에 눈이 덜 녹은 곳이나 빙판은 없을지, 산길의 경사는 일반 승용차로도 갈 수 있는지, 추천하는 숙소가 있는지, 바르는 있는지 등등 속사포처럼 질문을 던졌다.

마음이 조급했다.

자코모는 음…… 하고 뭔가 당혹스러운 듯 또다시 말이 없다.

"죄송하지만, 조금만 시간을 주시겠습니까?"

처음 인사 때와 마찬가지로, 조용하고 예의 바른 목소리로 그렇게 말하더니 "그럼, 연락드리겠습니다."

나는 눈 깜짝할 사이에 끊긴 전화를 앞에 두고 후회하기 시작했다. 마을의 경도와 위도는 알고 있다. 지도도 있다. 마을 대표의 이름도 연락처도 알아냈다. 미지의 장소를 찾아가는 건 익숙하다. 평소대로라면 대답을 기다리지 않고 차에 올라타, 현장으로 달려갔을 것이다.

그러나 몬테레조는 뭔가 달랐다. 아는 것이 지도와 약간의 정보밖에 없는데, 마음을 사로잡혀버렸다.

베네치아 골목길의 고서점. 고서점에서 두메산골 마을. 그리고 책으로.

뭔가 특별한 힘에 이끌리고 있다.

몬테레조는 북위 44도17분46초, 동경 9도50분36초, 표고 651미터에 위치한다. 이탈리아반도 북부의 내륙 산악지대에 위치하며 서남으로 5킬로미터쯤 내려가면, 바다다.

이 리구리아해에 라스페치아라는 마을이 있다. 몬테레조에서 가장 가까운 바닷가 마을이다. 길이 4.5킬로미터, 폭 3.5킬로미터라는 광대한 만灣으로 유명하다.

항구의 해안선은 전장 50킬로미터에 이른다. 해안선 일대에 사람이 살기 시작한 역사는 무척 오래되었는데, 발굴된 유적으로 보아 청동기시대로까지 거슬러 올라간다. 상업항과 관광지로는 물론, 이탈리아 해군이 거점을 둔 중요한 군항 마을로도 알려져 있다.

바다에 가까운 내륙부에는, 카라라라고 하는 이탈리아 최대의 대리석 생산지가 있다. 바닷가 마을인 마사와 함께 간석지 일대를 가로질러 항만으로 흘러가는 마그라강의 수운업으로도 번성했던 마을이다.

라스페치아만과 이어진 서쪽에는 친퀘테레(5개의 땅)라 불리는 작은 마을이 해안선을 따라 늘어서 있다. 연안은 깎아지른 듯한 절벽으로 이루어져 있다. 복잡한 리아스식 해안인 덕택에 고대로부터 이교도들의 상륙을 막을 수 있었지만, 양날의 검이라고, 오랜 시간 교통망이 정비되지 못하고 전파도 안 통해 인프라가 생겨나지 못하면서 근대화의 과정을 밟지 못했다. 전후의 부흥기에 도시화가 진행된 이탈리아반도 북부에 위치하면서도 시대가 멈춰버린 곳이지만, 지역의 순도 높은 특이성이 남아 있다.

이러한 마을은 바닷가에 위치하지만 산과의 연계로 살아남았다.

고대 로마 제국이 라스페치아 지대를 관하에 둔 것은 기원전 151년으로 전해진다. 이유는 상업항과 군항에 최적인 그 지형과 기후에

있었다.

　만은 동서로 길게 뻗어 있으나, 해안선 코앞까지 험한 산들이 들어차 있다. 만이 넓어서 상륙하는 것은 간단해 보이지만 실상은 그렇지 않다. 주위의 산들은 강한 계절풍을 차단하는 역할을 한다. 옛날 범선 시대에는 순풍과 역풍을 이용해 항로를 정했다. 이 만에는 병풍처럼 산들이 둘러싸고 있어 바다에서 육지로 향하는 일방통행의 계절풍만 분다. 만으로 들어왔으나 불리한 상황이 되더라도 만에서 바다로는 쉬이 돌아갈 수 없다. 육지에서는 이 바다를 잘 아는 무적의 병사들이 기다렸다가 공격한다.

　게다가 수심이 들쭉날쭉하다. 간혹 수심이 300미터를 넘는가 하면, 5미터도 안 되는 얕은 곳도 있다. 따라서 조류가 복잡하고 항로를 읽기 힘들다. 이 바다를 읽을 수 있어야만 한다. 상당히 넓은 곳이라, 바다에서 만으로 들어와 육지에 다다르기까지 많은 시간이 걸린다. 훤히 트인 곳이라 넓은 만내를 천천히 지나는 수상한 배는 금세 눈에 띈다. 어쩌다 상륙에 성공해 전선을 돌파할 수 있다 해도, 육로에는 곧바로 험한 산맥과 계곡이 이어지는 난관이 기다리고 있다.

　라스페치아만을 볼 때마다, 거대한 어항이나 그물을 떠올린다. 이곳으로 들어오려는 외적은, 문자 그대로 일망타진이 돼버린다. 바다와 산이 함께 지키고 있기 때문이다.

　근교의 마을에서 라스페치아로 들어오면, 여유로 가득 찬 분위기에 압도당한다. 로마처럼 거대한 유적이 즐비한 것도 아닌데, 마을로 내려가면 정면에는 바다, 등 뒤로는 산, 머리 위에는 하늘이 함께 맞이하며 감싸고, 엄호해주는 것 같은 느낌이 든다. 나는 이탈리아 반도의 해안이나 지중해의 섬들을 돌면서 선상에서 살아본 경험도 있지만, 라스페치아만에서 느낀 '보이지 않는 거대한 힘에 의해 보호받는' 감각은 유일무이했다. 가호란 이런 감각이라는 것을 실감했다.

이 안도감이야말로 다른 무엇보다 라스페치아의 가장 큰 특징일 것이다.

바다에는 많은 것이 들고 난다. 생경한 것이 반드시 해가 되리란 법은 없다. 무턱대고 함부로 배척하거나, 쟁여두고 썩히기에는 아까운 것도 있을 것이다. 미지의 것은 호기심을 자극하고, 발견과 진보로 이어지는 일도 있다. 바다에서 산을 넘어, 머나먼 땅으로 전해졌다가, 다시 같은 길을 모습을 바꿔 돌아온다. 새로운 것은 전환을 불러온다.

고대 로마 제국의 통치자는 지중해를 제패한 사람들이다. 바다의 힘을 알고 있었다. 최고 신 제우스에 버금가는 힘을 가진 포세이돈, 바다의 신이다. 바다에서 육지로, 육지에서 또다시 바다로. 흐름은 새로운 산업을 낳고 삶을 윤택하게 만든다. 사람들의 의욕이 커지면서 사회가 활성화된다.

지키면서 받아들이고 또다시 흘려보낸다.

바다로 이어지는 흐름에 길이 생기고, 군락이 형성되고, 세상이 넓어지고, 새로운 역사가 만들어진다.

16세기 지도학의 권위자, 조반니 안토니오 마지니가 제작한, 당시의 이탈리아반도 지도를 본다. 각지의 상세한 지명과 지지地誌(지리상 특정 지역을 자연, 지형, 기후, 인구, 교통, 역사, 문화 등을 가미해 그 지역성을 논한 서적. 향토지라고도 함—옮긴이)를 망라한, 최초의 전국 지도다. 이후 지도의 개념을 크게 바꾸며, 해로나 육로의 발전에 공헌했다.

이 지도상에도 이미 라스페치아에서 산을 향해 여러 갈래의 길이 나 있다. 굵은 선은 마그라강을 향해 내륙으로 뻗어 있다. 강변에는 대리석 생산 지대가 있다. 일대에서 채석되는 것은 귀중한 백색 대리석으로, 예로부터 수요가 많은 건축 자재였다. 내륙 지방에는 에트루리아인(아펜니노산맥의 서쪽과 남쪽에 있는 테베레강과 아르노강 사이에 살았던 고대 민족—옮긴이)이 먼저 거주하며 리구리아인의 관하에서 채석을 했으나, 기원전 155년에 로마 제국이 채굴장과 가까운 마을 루나를 기지로 점거하고, 대리석을 출하시키는 항으로 정비해 통치했다.

로마 제국은, 지중해 각지에서 군사 거점이나 자원, 교역 거점 등 수많은 지점에 눈독을 들이고 있었다. 뒤를 이은 통치자들은 그 점과 점을 이어 새로운 동향을 만들었다. 그 하나의 점이 라스페치아였고, 같은 시기에 로마 제국의 통치하에 있던 대리석 생산지 및 기지로 훗날 항구 마을이 된 카라라와 마사도 거기에 포함됐다.

마지니가 제작한 16세기 지도에는 고대 로마 시대의 기점과 더불어, 그 후 형성된 해안과 내륙의 마을이 다수 기록되어 있다.

그곳에 몬테레조도 있었다.

산들의 이름 속에서 몬테레조를 발견하고는 몹시 기쁜 나머지

탄성이 흘러나왔다. 마을 소개 첫머리에 경도와 위도를 기록해두었던, 자코모의 마음을 알 것 같다.

몬테레조라는 지명 옆에 건물 표시가 있다. 산 정상에 세워진 것처럼 보인다. 주변 마을에는 건물 표시가 돼 있기도 하고 없는 데도 있다. 무슨 표식일까. 통치자의 성일까? 아니면 감시탑인가? 귀중한 장사 밑천을 노리고, 본래 길이 아닌 우회로에서 기습을 하거나, 채석장과 대리석 기지를 침략하려는 적이 있었던 게 틀림없다. 바다로 침입하는 배를 감시하기 위해 세운 탑일지도 모른다. 바다를 끼고 장삿길을 설치한 검문소의 표식일지도…….

그건 그렇고 온통 산, 산, 산이구나.

"늦어서 죄송합니다."

저녁에 걸려온 전화는 자코모였다.

"지금 마을에 오시더라도 사람이 없어요. 얼마 남지 않은 주민들도 이 시기에는 대부분 산에서 내려와 타지에서 생활하거든요. 혼자서 가시게 할 수는 없어요. 하지만 저도 라스페치아에 살고 있기 때문에 주말이 아니면 좀처럼 시간을 낼 수가 없군요."

경도와 위도, 고대 로마 제국이 만든 장삿길과 항구, 중세 지도에 기록된 몬테레조와 산꼭대기 탑의 그림이, 머릿속을 빙글빙글 돌고 있다.

"그래서 말인데, 내일모레 일요일은 어떤가요? 밀라노까지 저희가 모시러 갈게요."

타지로 나간 마을 사람들 중에 밀라노에 사는 사람이 있다고 한다. 마을 소개 사이트를 만든 마을 대표의 한 사람으로 내 전화를 받은 자코모가 그와 의논해, 모일 수 있는 마을 사람들에게도 연락을 취했고, 일요일에 모이기로 결정했다고 전했다.

처음 만나는 사람들이다. 모처럼 쉬는 날인 일요일을 방해하는 것은 왠지 내키지 않았다. 내가 대답을 망설이자,

"이번 토요일은 제 생일이에요. 아내가 아주 오래전부터 식당에 예약을 해둬서. 정말 죄송합니다만 가능하다면 일요일에……"

미안해하는 자코모의 목소리를 들으면서, 가기도 전에 이미 마을에 영혼을 빼앗겨버린 것만 같았다.

3

A RICORDO
DEI TEMPI UMILI ED EROICI
DEI PRIMI LIBRAI
CHE DA QUESTE MONTAGNE
TRASSERO ORIGINE ED ISPIRAZIONE
LA FONDAZIONE

도대체 여긴
어디란 말인가

한겨울의 아침. 서리가 내린 노면은 은색으로 차갑게 빛나고 있다. 광장에는 주황빛의 가로등만이 아스라이 보일 뿐, 밀라노는 어둠에 잠겨 있다. 일요일이라 지나는 사람이 드물다. 거리는 아직 잠들어 있다. 나는 일찌감치 나와 약속 장소인 광장 구석에서 기다리고 있었다.

"밀라노에서 가까워요. 눈 깜짝할 새에 도착하죠. 저도 마을에 가야 할 일이 있으니 마침 잘됐어요! 그럼 일요일 아침, 몇 시쯤에 만날까요? 이런 제 소개가 늦었군요. 몬테레조 건으로 전화 드렸어요. 안녕하세요. 마시밀리아노 넨초라고 합니다. 사무국의 자코모 씨한테 듣고, 전화 드렸어요. 밀라노에 살고 있어서 제가 마을까지 모셔다드리게 됐어요."

수화기 너머로 거침없는 젊은 목소리. 몬테레조 마을 소개 홈페이지를 만든 마을 대표의 한 사람으로, 부대표를 맡고 있단다. 부모님이 마을을 떠나 이탈리아 북부로 이주했고. 자신은 오래전에 그곳에서 다시 밀라노로 이주했다고 한다.

"직업과 가정이 밀라노에 있긴 해도, 역시 제 고향은 선조 대대로 살아온 몬테레조예요."

얼굴도 보기 전부터, 마시밀리아노는 전화기 저편에서 자기 이야기를 들려준다. 이대로 끊는 건 미안하기도 하고 아쉽기도 하다. 내가 추임새를 넣으면 곧바로 밝은 대답이 들려온다. 마을에 대해 이야기하는 것이 몹시 즐거운 모양이다.

'강아지 같아⋯⋯.'

쾌활한 대답에 마음이 편해진다. 아주 오래전부터 아는 사이 같은 느낌이다. 계산이 빠삭한 달변이 아니다. 솔직하고 시원시원한 성격일 것 같다. 억지스럽지 않은 말들이 쏟아져 나온다. 그래도 통화가 좀 길어지는구나 싶었는데, 그가 갑자기 크게 숨을 쉬더니

"그럼 일요일을 고대하고 있을게요."

깔끔하게 매듭을 지어준다. 꼭 만나고 싶다는 여운을 남기는 근사한 마무리였다.

마을 관계자들에게 편지가 아니라 전화를 한 것은 하루빨리 마을에 대해 알고 싶다는 조바심과 더불어 마을 소개 사이트의 기사에 감동했기 때문이다. '문의처'의 페이지를 여니, 마을 주변의 지도와 찾아가는 길이 실려 있다.

'치차 방면 고속도로 A15호선을 타고 가다 폰트레몰리로 나와서, '2킬로미터쯤 길을 따라 달린다'라고만 적혀 있다. '○○ 교차로를

'우회전'하라든가 '×× 방면으로' 같은 건 일절 없다.

'2킬로미터를 달려라.'

이 말인즉, 고속도로에서 빠져나오면 마을까지 외길이라는 소리 같다.

게다가 경도, 위도, 표고 외에 위치를 알 만한, 가령 동사무소 같은 주소가 기재되어 있지 않을까 찾아보니 두 개의 주소가 있다. '등기본거지'와 '운영 사무소 소재지'. 하나는 몬테레조였고, 또 다른 하나는 라스페치아다. 산과 바다. 마을 대표자 자코모의 '태어난 고향'과 '현재 거주지'라는 뜻인가?

주소 밑에는 @와 ☎. 소유자명과 휴대전화 번호가 두 개 기재되어 있다. 번호의 주인은 '자코모'와 '마시밀리아노'다. 보통 이런 연락처 명칭에는 '종합 창구'라든지 '사무국'이라 표기하고, 연락처에도 고정 전화번호를 올리는 것이 일반적이지 않을까. 불특정 다수의 사람이 보는 인터넷의 연락처로, 자신의 이름과 개인 휴대전화 번호를 올리다니 무방비 상태인 건지, 순진한 건지. 아니면 장난 전화라도 정성껏 대응하겠다는 열의일까.

아무튼 이런저런 상상을 하던 중 두 개의 전화번호에서 '전화 주세요' 하고 말하고 있는 것 같아, 나도 모르게 전화를 하게 되었다는 사연.

전화로 약속한 시간에 맞춰 마시밀리아노가 왔다. 광장 구석에 주차하고 차에서 내린 그는 들뜬 기분을 온몸으로 발산하고 있다.

40대 초반으로 보인다. 까만 눈동자는 멀리서도 뚜렷이 빛난다. 큰 키로 성큼성큼 다가와서는,

"만나 뵙게 돼서 정말 반갑습니다!"

활기차게 손을 내밀어 악수를 하고, 그래도 모자란지 양손으로 꼭 쥐더니 고개를 살짝 갸웃거리는 모양으로 내 눈을 바라보며 웃었다. 서글서글한 느낌은 전화 통화 때와 마찬가지다.

곧이어 조수석에서 내린 사람은 30대 초반의 여성이었다. 눈꼬리가 올라간 선글라스를 벗어 머리에 올리더니,

"안녕하세요. 저도 마을에 볼일이 있어 함께 가기로 했어요!"

활기차게 인사를 건네왔다. 오늘의 작은 여행에 길동무가 있다는 사실은 이미 마시밀리아노에게 들어서 알고 있었다. 페데리카는 스키니 청바지에 허리까지 오는 진한 녹색의 다운재킷을 입고, 긴 생머리 금발을 어깨까지 늘어뜨리고 있다. 참신한 디자인의 스포츠 슈즈 덕분에 날씬한 발목이 한층 돋보였다.

나는 뒷좌석에 올랐다. 옆에는 포스터나 포장지, 슈퍼마켓의 비닐봉지, 두꺼운 재킷과 머플러 같은 것이 아무렇게나 쌓여 있었다. 봉지 안에 들어 있는 것은 애완견용 뼈다귀와 통조림이다.

지저분해서 죄송하다며 미안해하는 마시밀리아노에 이어 페데리카가 뒷좌석을 향해 몸을 뒤틀더니,

"근처 산길을 달리는 마라톤 대회를 개최하게 됐는데 몬테레조가 골인 지점이에요. 예전엔 동물이나 지나다니던 수풀이 우거진 길도 있죠. 그렇다면 기르는 개와 함께 달리면 훨씬 좋지 않을까 하는

얘기가 나와서요."

말려 있던 포스터를 펼쳐 보였다.

'성스러운 길을 여섯 개의 발로 달리자.'

크게 쓴 대회 이름 아래로 참가자가 애견을 데리고 달리는 사진과 코스 지도가 있다. 그 아래에는 '달리고 난 뒤 개에게는 뼈다귀를, 견주에게는 향토 요리를 준비해두었습니다'라고 적혀 있다.

베네치아에서 고서적으로, 책에서 토스카나의 산과 리구리아의 바다로. 그리고 다음은 개……인가…….

"금방 이해가 안 가죠? 페데리카는 애완용품 회사에서 광고 일을 하고 있어요. 달리는 걸 엄청 좋아하는데 우린 근처 공원에서 만난 조깅 친구예요."

마시밀리아노가 유쾌하게 설명을 덧붙인다.

그는 도시의 일상에 숨이 막힐 때면 달린다. 기회가 있으면 마라톤 대회에 참가할 정도로 다리가 튼튼하다. 한 해 동안 밀라노에서는 아마추어에서 프로까지, 다양한 층을 대상으로 마라톤 대회가 열린다. 모든 대회에서 반드시 만나는 자매 참가자가 있었다. 자매는 항상 페어룩으로 선두 집단을 달리기 때문에 눈에 띄었다. 각종 대회와 아침 조깅에서 자주 만나면서 자매와 이야기를 나누게 되었고. 페데리카는 언니 쪽이다.

마시밀리아노가 장거리를 달리게 된 것은 어릴 적부터 방학 때면 찾아갔던 몬테레조 주변을 달리는 정기 마라톤 대회에 참가하고 싶었던 것이 계기였다. 바닷가와 숲속을 달리는 험한 코스다. 단지 달

리는 것이 좋아서 참가하고 있는 게 아니다. 달리면서 고향을 느끼기 위해서다. 봄이 오면 숲길은 신록의 그늘이 펼쳐진다. 호흡을 관리하고, 한 걸음 한 걸음 경사를 오른다. 맑은 공기가 폐까지 씻어주는 느낌이다. 들리는 것은 자신의 숨소리와 발소리뿐. 차츰 감정이 북받쳐 오른다. 힘차게 땅을 차고 달릴 때마다 발끝에서부터 산의 정기가 온몸으로 퍼지는 것만 같다. 달리다보면 산과 하나가 된다.

험준한 코스는, 상급자들에게는 실력 발휘를 할 수 있는 곳이다. 끝날 것 같지 않은 가파른 경사에 도전하려고, 평지를 달리던 강자들이 각지에서 몰려들게 되었다.

"라스페치아만에서 뛰어올라가는 거죠. 몬테레조를 향해서. 한 번 이 길을 달리면 절대 잊지 못해요. 가슴속까지 시원한 공기와 온통 신록으로 우거진 광경. 완주하고 나면 마치 자신이 고대 로마 시대의 전령사가 된 것 같아 감격하죠."

달리는 것을 좋아하는 사람들이 멀리서도 몰려온다. 몬테레조를 더 많이 알릴 수 있는 기회 아닌가?

어느 날 아침. 조깅을 하면서 페데리카에게 산길을 달리는 즐거움에 대해 이야기하다가, 마시밀리아노는 애견과 함께 달리는 대회를 생각해냈다.

페데리카는 순발력 있는 여성이다.

"분명히 좋은 홍보가 될 거야. 상사에게 얘기해서 협찬을 받을 수 있도록 해볼게."

이야기는 일사천리로 진행되어, 여섯 발 마라톤 대회를 몬테레조에서 개최하게 되었다. 협찬금과 참가비는 몬테레조를 위해 쓰인다. 고령화되는 주민, 늘어가는 빈집, 한계마을이 아니라 아예 유령마을이 코앞이다. 어떻게 해서든지 마을을 지켜야만 한다.

차는 밀라노를 빠져나와 에밀리아 지방을 달린다. 북부 이탈리아의 대규모 농업지대다. 봄이 부쩍 다가선 대지가 온통 검게 펼쳐져 있다.

"저는 여기서 조금 떨어진 피아첸차라는 마을에서 태어나 자랐어요. 친척이 그곳에서 서점과 출판사를 했거든요."

오래전 기억을 끌어당기듯 마시밀리아노가 조금씩 이야기한다.

그의 부모도, 숙부와 숙모도, 사촌과 조카도 몬테레조에서 태어나 자라고 마을에서 타지로 일을 다녔다. 봄이 오면 이탈리아 전역과 여러 나라를 떠돌며 일하다가 마을로 돌아와 겨울을 났다. 매년 그것을 반복했다. 대대로 몬테레조의 선조들이 살아왔던 방식으로.

"가는 곳과 사는 곳이 달라져도 선조 대대로 마을 사람들이 변함없이 팔았던 물건은 책이었어요."

광대한 평야를 가로지르는 고속도로를 달리며 그는 말한다.

"책을 짊어지고, 여기를 걸어 유랑한 거죠……."

지평선까지 이어진 이 일대의 농지에서는 봄부터 가을까지 토마토를 비롯해 보리나 옥수수, 감자와 같은 다양한 종류의 채소를 재배하고, 포도나 무화과 같은 과일도 재배한다. 이탈리아에서 가장 긴 포강 유역으로 토지가 비옥하다. 줄곧 북부 이탈리아를 먹여 살려왔다. 지금은 대형 살수 설비와 경운기를 도입한 최신식 대규모 농법으로 개혁되었으나 1806년에 나폴레옹 1세가 봉건제도를 폐지하기 전까지는 영주에게 고용된 농민들이 몸이 부서져라 일하던 곳이다. 이 광대한 토지를 손으로 일구고, 강에서 물을 길어 나르고, 씨앗을 뿌리고, 물과 비료를 주고, 천재나 해충으로부터 작물을 지키며 수확한다는 건 얼마나 고된 일이었을까.

"그래도 농사를 지을 땅이 있다는 것만으로도 행운이었죠."

농지가 없는 산마을 사람들의 생활은 농촌지대의 기후에 달려 있었다. 가뭄이나 홍수가 계속되면 타지에서도 일할 곳이 없어지기 때문이다.

'남의 힘에 의지해서는 안 된다. 자신의 힘으로 생활을 지켜야 한다!'

이렇게 몬테레조의 선조들은 다른 마을로 나가 돈을 버는 육체노동에서 차츰 손을 떼고, 유랑책방으로 가업을 바꾸게 된다.

이미 두 시간 가까이 평야를 달려왔다. 양측으로 산이 성큼 다가와 있다. 멀리서 보이던 구릉이 가까워져 있었고, 뒤와 옆에서 야트막하고 완만한 산들이 나타나 둘러싸더니 능선이 겹겹으로 이어진다. 수많은 병풍이 빈틈없이 펼쳐져 있는 듯하다. 봄을 기다리는 낮은 하늘이, 옅은 파란색으로 펼쳐져 있다. 산중턱은 회색빛으로 밭갈이가 끝난 농지를 에워싸고 있다.

제노바 방면으로 향하는 차들의 행렬과 헤어져 고속도로를 빠져

나오니, 앞 유리에는 도로 양측으로 우거진 나무들이 들어선다. 온통 햇살이 부서지고 있는 길은 시원하게 트여 있다. 그래서인지 더 쓸쓸해 보인다. 지나가는 차는 한 대도 없다. 집도 없다. 가게도 없다. 소리도 없다. 그런 경치가 태양 아래 펼쳐져 있다. 보통 지방의 도로변에는 쇼핑센터나 지역 특산품의 광고, 숙박시설 같은 안내 표지판이 줄줄이 서 있기 마련이다. 아니면 장거리 트럭 운전사들이 찾는 편안한 분위기의 식당이 있기도 하다. 그러나 이곳에는 아무것도 없다.

그 길을 수십 미터 달렸을까, 멀리 차가 멈춰서 있다.

안에서 껑충 뛰어내린 사람은 중년의 남성이었다. 훤칠하게 큰 키에, 성성한 머리는 이발한 지 얼마 되지 않은 모양이었다. 안경 너머로 어찌할 바를 모르는 것 같기도 하고 쑥스러워하는 것 같기도 한 눈과 마주친다.

"자코모 씨죠?"

이내 그의 표정이 밝아졌다.

"정말 오셨군요. 진심으로 감사합니다. 몬테레조에 오신 걸 환영해요!"

옆에 서 있는 아내를 소개하는데 자꾸 말이 엉킨다.

"일단 마을로 갈까요. 설명은 그 후에 천천히 하죠."

차를 세워두었던 길가에는 선명한 파란 바탕에 흰색으로 "MONTEREGGIO"라고 적힌 도로 표식이 세워져 있었다. 다른 것들은 차에 부딪혀 휘어지고 녹슬거나 벗겨져 있는데, 그 표식만은 아주 새것이다. 상처 하나 없이 당당하게 서 있다. 이것이 한계마을이 되어가는 마을의 표식이라고는…….

의외라는 생각하고 있는 내게 자코모가 자랑스러운 듯이 말한다.

"저희가 돈을 모아 세운 거예요. 정부에서 해주길 기다렸다가는 언제가 될지 모르니까요."

그 웃는 얼굴 뒤로 다른 간판에 붙은 얼굴 사진이 살짝 보였다.

혹시 헤밍웨이?

"네. 제1회 '유랑책방 상premio Bancarella' 수상작을 쓴 작가니까요."

지극히 당연한 일이라고 대답하는 자코모.

'유랑책방 상'은 이탈리아에서 가장 유서 깊은 문학상 가운데 하나다. 어째서 유랑책방 상이라는 이름을 갖게 된 걸까. 이 역시 생각지도 못했던 것이다. 책을 진열하는 서점의 매대를 노점상의 좌판에 비유해 붙인 이름일 거라고만 생각했다. 매년 잘 팔린 책에 주어지는 상이다. 책을 고를 때 지표가 되는 중요한 상이다.

그 상이 어째서 이 산골짜기 외길에 간판이 되어 우뚝 서 있단 말인가.

"유랑책방 상의 발상지가 이곳이거든요."

자코모는 초연하게 말을 이었다.

"전국 서점에서 각자 책 한 권을 추천한 다음, 최종 후보에 오른 여섯 작품 중에서 수상작을 선정하죠. 그게 유랑책방 상이에요."

언젠가 텔레비전 뉴스에서 본 수상식을 떠올렸다. 어느 지방에서 개최되었다는 것 같았는데 그곳이 여기였단 말인가.

"이곳은 책과 책을 팔던 도붓장수의 고향이니까요."

차 두 대가 언덕길을 오른다. 지금 들은 문학상 이야기가 귓가에 맴돌고 있다. 그 정도로 규모 있는 행사가 열리는 곳인데도 기가 막힐 정도로 아무것도 없는 곳이다. 심지어 간혹 가다 아스팔트가 갈라진 틈새로 흙이 그대로 보이는 길도 있다. 어디를 봐도 크고 낮은 산들로 둘러싸여 있는데, 산 허리춤에서 뭉텅 잘려나간 산도 있다. 더 높은 곳에 있는 깊은 산골짜기에서 계곡물이 흘러 내려오는 곳에, 난데없이 큰 바위가 있다. 낙석일까. 조금 더 가다 보니 계곡 양쪽으로 고층빌딩의 기초 공사에 쓰일 법한 거친 철제 기둥이 두 개 걸쳐져 있었고, 그 사이로 레일을 지탱하는 침목처럼 기름으로 부식을 방지한 목재가 깔려 있다. 마감재는 콘크리트를 바르지 않고, 녹이 슨 황량한 모습을 드러내고 있다. 견고한 것 같으면서도 급조한 임시 다리처럼 보인다. 황폐한 채 시간이 멈춘 듯한 광경 속을 차는 덜그럭거리는 소리와 함께 흙먼지를 일으키며 달린다.

"2011년에 큰비가 내려 이 주변에 있던 길과 다리가 모두 휩쓸려 떠내려갔어요. 한계마을은 복구 공사도 뒤로 밀린다. 이대로라면 고향 마을이 사라지고 말겠다 싶어 각지에서 흩어져 살고 있던 몬테레조 마을의 자손들이 힘을 합쳐 끊어진 길을 잇고 다리를 놨어요."

아까 본 마을의 도로 표지판이 새것이었던 이유는 그런 사정이 있어서였구나.

"도로 복구가 끝날 때까지는 해안 쪽으로 난 길로는 들어올 수 없어서 내륙에 위치한 산들의 능선을 따라 멀리 돌아서 마을로 들어왔어요. 그 길이라면 차가 다닐 수 있거든요. 중세 때부터 있었던 길인데, 옛 영주가 '성스러운 길'이라 명하고 이정표가 될 만한 둔덕을 배치한 순례길이었기 때문에 신앙심이 깊은 사람들은 '신의 가호'라고 여기며 감사했어요."

망가진 길이 복구된 것은 불과 얼마 전인 2016년이었다.

"당신은 마치 길이 뚫리는 것을 기다렸다가 마을로 온 것 같습니다."

베네치아와 몬테레조를 잇는 신비한 인력을 느낀다.

마시밀리아노가 차창 너머로 방금 지나온 길이 내려다보이는 위치에서 가파른 산을 가리킨다. 나무들 사이로 경사면에 들러붙은 듯한 돌로 지은 집들이 보인다.

"저기가 물라초예요. 몬테레조 산기슭에 있는 가장 가까운 마을 이죠."

집들의 건축 양식으로 짐작건대, 마을의 기원을 거슬러 올라가 면 역시 중세가 아닐까 싶다. 오래된 마을 같군요, 라는 말 말고는 달리 표현한 길이 없어 입을 다물고 있자,

"단테가 머물렀던 마을이죠."

차는 물라초 마을을 남겨두고 막 포장 공사를 끝낸 듯 보이는 길을 오르기 시작한다.

시야에는 산과 구불구불한 산길이 있을 뿐인데, 헤밍웨이가 지 키고 서 있는가 하면, 멀리서 단테도 지켜보고 있다. 검게 그을린 이 마에 깊은 주름을 새기고, 돈을 벌러 타지로 나가는 마을 사람들이 묵묵히 산을 넘는 모습도 보인다. 그 사이를 수많은 책이 날고 있다.

도대체 이곳은 어디란 말인가.

구불구불 꺾어지고 돌아서. 더 깊숙하고 더 높은 곳으로.

차에서 내리자 몸이 휘청거린다. 산 정상이라 생각했던 그곳은 몬테레조 마을 어귀였다. 오래된 예배당과 탑이 고즈넉하게 서 있다. 겨울 햇살이 쏟아진다. 그리고 360도 빙 둘러 온통 산이다.

어때요? 하고 자코모와 마시밀리아노는 팔짱을 낀 채 함박웃음 을 짓고 있다.

부드러운 바람이 산자락에서 불어와 스쳐간다. 차를 주차한 곳

은 마을 광장이었다. 그리 크지는 않은 네모난 광장에는 태양을 향해 의자 네댓 개가 제멋대로 놓여 있다.

앉아보니 크고 하얀 대리석 석비와 정면으로 마주하는 자세가 됐다.

조각되어 있는 것은 광주리를 어깨에 짊어진 사내다. 광주리에는 밖으로 넘쳐흐를 듯한 책들이 들어 있다. 사내는 강한 눈빛으로 정면을 바라보며 한 권의 책을 펼쳐들고 있다. 바짓단을 무릎까지 걷어붙여 드러난 종아리에는 탄탄한 근육이 솟아 있고, 한 걸음 내딛는 발에서는 묵직한 힘이 느껴진다. 머리 위에는 제비 한 쌍이 사내를 따르듯 날고 있다.

'이 산에서 태어나 자라고, 그 뜻을 실어 나른, 늠름하고 용감한 유랑책방 사내들에게 바친다.'

비문에, 할 말을 잃는다.

석비 뒤로 예배당과 탑이 내려다보고 있다.

4

2월에 산속으로 들어가는 것이라 월동 준비를 단단히 하고 왔다.

"운이 좋은걸!"

마시밀리아노는 스웨터 하나만 걸치고 차에서 내려, 푸른 하늘을 올려다보며 시원하게 기지개를 켠다. 중간에 합류한 자코모 부부도 가벼운 옷차림으로, 주위 산들을 둘러보며 심호흡을 하고 있다. 몬테레조 마을 어귀에 있는 광장에 우리 말고는 아무도 없다. 따사로운 햇살이 쏟아지고 있다. 나도 따라 머플러를 풀었다. 사방이 산으로 둘러싸여 있는데 의외로 따뜻하다. 50킬로미터나 떨어져 있다고는 해도, 남쪽으로 지중해를 끼고 있는 덕분일 것이다.

산기슭에서 마을로 이어진 길은 그대로 마을을 가로질러, 멀리 보이는 산까지 닿는 것 같았다. 하지만 지나는 차는 한 대도 없다. 자동차 폭에 맞춰 평평한 돌을 깔아 만든 길인데, 그 주변으로 크기가 제각각인 돌을 채워넣었다. 건물과 비교하면 길에 깔아놓은 돌들은 무척 하얗고, 정비된 지 얼마 안 된 듯 보인다. 돌로 만들어진 궤적은, 낮은 건물들 사이에 깔린 융단처럼 보인다. '안으로 들어오세요' 하며 마을을 찾아온 이들을 환영하고 있다.

돌길이 이끄는 대로 마을로 들어간다.

입구에 있는 종탑과 예배당은, 돌을 쌓아 지었다. 오랜 비바람을 견디며 지나온 날들이 스며들어 잿빛을 띠고 있다. 벽은 대리석과 숫돌 가루로 마감을 하지 않은 탓에, 쌓아올린 돌의 우툴두툴한 맨살이 그대로 드러나 있다. 장식도 없다. 캐온 돌을 크기나 형태별로 나누어 쌓아올렸을 뿐이다. 툭 튀어나온 면과 움푹 팬 면을 잘 맞춰 쌓았다. 틈새에는 무너지지 않도록 작은 돌멩이를 끼워넣거나 흙을 발라둔 모습이 보인다. 시멘트의 원형이 된, 고대 로마로부터의 접착 건축일지도 모르겠다. 손가락으로 살며시 고대의 흔적을 짚어본다.

석조건축에 사용되는 돌 종류와 조적 공법은 시대나 지역에 따라 조금씩 다르다. 자세히 들여다보면 언제 건축된 것인지 대강 짐작할 수 있다.

돌벽은 하나같이 두텁고 견고하다. 빙 둘러 공간을 만들어내는 벽이라기보다는 돌벽 자체가 독립된 건조물로 의미를 다하고 있는 듯한 모양새다. 무언가를 기념하거나 그 지점에 표식을 하기 위한. 아니면 겁을 주거나 저지하는 듯한.

원래 석조건축의 역사는 고대 이집트 시대로까지 거슬러 올라간다. 강수량이 적고 기온차가 심하지 않은 기후가 석조에 적합해서 공법이 발달했다. 그 후 고대 그리스로 전해졌고, 옥외극장이나 거대한 신전 건축을 비롯해 광장이나 길까지 돌로 만들어, 고대 로마

시대가 되면 구조 부분뿐만 아니라 장식에도 돌이 사용되기에 이른다. 문자 그대로 돌은 유럽의 초석을 다지고 돌기둥을 세워 국가의 얼굴을 만들어온 것이다.

자코모와 마시밀리아노는 나를 일단 예배당으로 안내해주었다.

"고문서에 따르면 13세기에는 이미 몬테레조에 마을이 존재했다고 해요. 아마 이 예배당도 거의 같은 시기에 세워졌을 거예요."

광장에서 몇 미터 아래에 예배당으로 들어가는 정문이 있다. 발밑에는 손바닥만 한 크기의 천연석이 흩뿌려놓은 것처럼 불규칙하게 깔려 있었고 그 틈새를 이끼가 메우고 있었다. 자코모가 신묘한 표정으로 나무문을 밀자 별안간 등 뒤에서 2월의 바람이 우리를 밀쳐내듯 지나쳐 안으로 들어갔다.

바람을 따라 들어간 실내는 생각보다 밝았다. 지금껏 닫혀 있었을 텐데 전혀 습하지 않았다. 단단한 냄새. 돌에서 나는 걸까. 머리 위에는 돌무늬가 드러나는 궁륭(돌이나 벽돌 또는 콘크리트의 아치로 둥그스름하게 만든 천장—옮긴이)이 곡선을 이루고 있다. 돌 표면은 버석하게 말라 냉랭하다. 조각상이나 양각, 금이나 알록달록한 색으로 화려하게 그려진 종교화나 장식품은 보이지 않는다. 기도대조차 없다. 접이식 목제 장의자가 몇 개 놓여 있을 뿐이다. 바싹 마른 분위기. 세속적인 것을 모두 벗어던진 수도승 같다.

"꾸미지 않아도 신앙심에는 흔들림이 없으니까요."

정면을 향해 자코모가 가볍게 고개를 숙이고 있다. 마시밀리아노도 팔짱을 낀 채로 조용히 중앙에 서 있다. 두툼한 벽에 나 있는 열린 창으로 햇살이 들어와, 돌바닥에 가는 빛줄기가 드리워졌다.

밖을 볼 수 없는 창이다. 예배당은 돌로 만든 실내로 신자들을 불러모아 에워싸고 교리를 전했다. 경치도 소리도 없는 가운데 있다 보면 서서히 시간과 공간의 감각이 비껴간다. 잡념이 사라진 자리에 자신의 숨소리와 심장 뛰는 소리가 들어온다. 대면하는 것은 신이 아니라 자기 자신일지도 모른다.

이제 곧 마을로 들어가기 전에 돌에 둘러싸여 명상을 한다. 성수로 정화된 느낌이다.

"하나씩 주워서 짊어 메고 여기까지 날랐을 테지요……."

돌벽을 쓰다듬으며 자코모는 혼잣말을 하듯 중얼거렸다. 돌은 가까운 계곡을 흐르는 만조라강에서 캐온 것이라고 한다. 오는 도중에 계곡 아래로 흐르는 그 강을 봤다. 물은 거의 없었고 넓은 하원이 이어져 있었다. 만조라강은 대리석 채석장인 카라라 근처의 산에서 발원한다. 오랜 세월을 거치며 바위들은 부서져 돌이 되었고 강으로 굴러떨어져 물살에 휩쓸려 마을 근처에 다다른다. 먼 산에서 온 돌을 자신들이 사는 산 정상까지 소중히 들고 와 삶에 필요한 예배당과 집을 지은 것이다. 근처 강에서 주운 돌 외에는 적당한 건축 자재를 구할 수 없었던 것이리라. 예로부터 산과 함께 살아온 사람들의 고된 삶을 짐작해본다.

"돌은 산에서 내는 소리예요."

경의에 찬 익숙한 눈길로 자코모가 예배당을 올려다보고 있다.

마음이 씻기고 힘이 솟아나는 것처럼 느껴진 것은 돌에 스며든 소리를 들어서일까. 그것은 산과 강뿐 아니라 돌을 운반해온 마을 사람들의 소리이기도 할 것이다.

밖으로 나와 다시 한번 석비를 본다. 비에 새겨진 도붓장수는 어깨에 짊어진 광주리에 책을 가득 담고 있다. 한 발 한 발 내딛는 걸음에 그 무게를 여지없이 드러내고 있다. 그보다 앞서 같은 광주리에 돌을 담아 산을 오르고 이곳에 몬테레조를 만든 사람들. 마을 사람들이 짊어진 짐에는 삶이 걸려 있었던 것이다.

'험한 세상에 맞선 도붓장수들.'

잿빛 돌을 쌓아 지은 마을을 배경으로 하얀 대리석비가 눈부시다. 소박한 예배당의 돌바닥에 빛 한 줄기가 깃든 것처럼.

"보여드리고 싶은 게 있어요."

자코모가 광장에 있는 건물 정문으로 들어간다. 뒷문으로 빠져
나오니 녹슨 철제 울타리가 있었고, 그 너머는 수직에 가까운 경사
면이다. 원시림일까. 아래쪽까지 울창한 나무들이 빽빽하게 들어서
있다. 그 위로 튀어나온 테라스에서 몸집이 큰 노인이 맞아주었다.
성큼성큼 다가오더니 정면에 섰다. 아무 말 없이 잘 왔소, 하고 말하
는 듯 손을 쑥 내밀어 악수를 청했다. 나도 힘주어 잡고 싶었지만 손
이 너무 커서 그럴 수가 없다. 바위 같다. 검붉은 그을림이 피부 깊
숙이 자리 잡은 듯했다. 오랜 시간 태양 아래서 작업을 한 것일까.
눈썹 밑 깊게 팬 주름 사이에 옅은 파란색의 눈동자가 웃고 있다.

"굴리엘모라고 해요. 얼마 남지 않은 주민 중 한 명입니다."

입을 다문 노인을 대신해 지코모가 소개했지만, 정작 본인은 무

뚝뚝하게 집 안으로 들어가버린다. 테라스가 달린 집 안으로 굴리엘모를 따라 나도 들어갔다.

그곳은 거실이 아니었다.

벽 한 면에는 온갖 도구가 걸려 있다. 그 아래로는 잘 정리된 테이블이 나란히 놓여 있다. 선반에는 각종 스프레이와 도료, 붓과 공구 상자, 돌돌 말아놓은 철사와 전기 연장선, 고무테이프, 빈 깡통, 빈 병, 수십 개의 상자에 정리된 못과 고리……. 그리고 광주리.

넋을 놓고 광주리를 바라보고 있는 나를 향해 노인이 입을 열었다.

"거기에 넣어서 오늘 아침 이웃 마을에서 사왔소. 낮에 먹을 거요."

노인은 수돗가에 씻어놓은 아티초크(국화과 식물. 엉겅퀴 꽃같이 생긴 꽃봉오리의 속대는 식용으로 씀―옮긴이)에 가시가 있는데도 아랑곳 않고 맨손으로 덥석 집어들더니 내게 보여줬다.

굴리엘모가 사는 집은 중세 시대에 마을을 통치한 귀족 영주의 성이었던 건물 한편에 있었다. 테라스에서 보이는 풍경은, 광장을 중심으로 형성된 마을 안쪽에서는 상상도 못할 만큼 마을이 외부와 단절된 살벌한 경치다. 성과 연결되어 원기둥을 세로로 자른 높은 석탑이 솟아 있다.

"마을을 둘러싸듯이 이 성과 나란히 일곱 개의 탑이 있었어요. 감시탑이었죠. 몬테레조는 예로부터 바다와 산을, 산과 산을 잇는 요충지에 자리하고 있었으니까요."

자코모가 테라스에서 보이는 먼 산들을 가리키며 옛길을 알려준다.

"프란치제나 순례길*이 저 산이고 바라 계곡과 마그라 계곡에 있는 길은 저쪽이에요."

"이번에 저희가 개를 데리고 달리는 코스도 옛길의 일부죠!"

마시밀리아노는 오르막길을 필사적으로 달리는 시늉을 해 보이며 웃는다.

프란치제나 순례길이 이 근처 산을 지나는구나……

중세로 거슬러 올라가면, 로마와 산티아고 데 콤포스텔라, 예루살렘은 그리스도교의 3대 성지였다. 그중에서 캔터베리에서 로마로 가는 많은 순례길을 통틀어 '프랑크 왕국에서 출발하는 길Via Francigena'이라 부르게 됐다. 로마 성지 순례를 끝낸 순례자 중에는 또다시 예루살렘을 향해 남하하는 이도 많았다고 한다.

중세 유럽의 기후는 상당히 온난했다. 그 결과 농업 생산량이 늘고 살기 좋아졌을 것이다. 각지에서 인구가 급증했다. 대규모 성당과 광장이 연이어 건설되었고 그것만으론 모자라 미지의 땅으로 이주한 사람들이 땅을 개간하거나 구시가지가 확대되었다. 살림이 핀 것은 신의 가호라며 사람들은 기뻐했고 대거 순례길에 올랐다. 여기에 프란치제나 순례길은 유럽의 남북을 최단 거리로 잇는 여정이기도

• 영국 캔터베리에서 프랑크 왕국과 스위스를 경유해 이탈리아 로마를 잇는, 1600킬로미터에 이르는 순례길. 총 79구간으로 1일 1구간, 79일에 걸쳐 완주한다. 하루 약 20킬로미터의 여정이다(11쪽 지도 참조).

했다. 신앙의 길은 유럽 전역에 걸쳐 사람들의 이동을 만들어냈고, 사람들의 이동은 각지에서 새로운 상업을 낳았다. 각지에 빛과 윤택함을 가져다준 길이었던 것이다.

"하지만 실제로 기원전 2000년까지 거슬러 올라간 때에도 이 길은 존재했다고 해요."

자코모가 기다렸다는 듯이 말한다. 마을에 전해 내려오는 모든 것을 꾸준히 조사해온 자코모가 하는 말이다. 확실한 근거는 없더라도 역사에 대한 그의 경외와 로망이 있지 않을까. 자코모는 차에서 내릴 때부터 자료처럼 보이는 두꺼운 종이 다발을 소중히 안고 걷고 있다. 종이 다발에서 능숙하게 지도를 빼더니, 낮은 돌담 위에 펼치고는 바다와 산을 짚어가며 설명해준다.

"태곳적에 내륙을 주름잡았던 건 리구리아족이었죠. 강력한 병력을 자랑하며 이탈리아반도 북쪽에서 중앙, 이베리아반도, 시칠리아섬과 사르데냐섬, 코르시카섬까지 손아귀에 넣었다고 해요. 훗날 로마 황제들이 각지에 군사 거점을 세울 때 리구리아족이 다져놓은 길이 원형이 된 게 아닐까 해요."

힘과 기운이 충만했던 리구리아 병사들이 산등성이를, 깊은 계곡을, 험한 강을 헤쳐나가는 모습이 눈에 선하다. 까짓 원시림 따위, 까짓 암벽 따위.

굴리엘모에게 작별인사를 하면서 그가 사는 건물을 올려다본다. '성'이라 불렸지만 아무리 봐도 요새다. 몬테레조에 거점을 두었던 위정자는 어느 시대건 이 높은 곳에서 영지를 감시했을 것이다. 예배당이 딸려 있는 탑도 감시탑으로 이용되었던 건 아닐까. 중후한 돌벽에 뚫린 가는 선 같은 창은, 처음부터 경치를 보기 위해 뚫어놓은 게 아니었던 것이다. 은둔하고 경계하고 수호하고 저지하고 습격한다.

굳게 다져진 돌길을 지르밟고 나아간 다양한 시대의 사내들을 떠올린다.

철옹성 같은 굴리엘모가 우뚝 선 채로 꿈쩍도 않고 이쪽을 응시하고 있다. 노인과 예배당과 성과 탑이 하나가 되었다.

마시밀리아노는 진지하고 조용한 자코모와는 대조적이다. 매일처럼 두 사람은 마을 일로 연락을 주고받고 있다는데, 그것으로는 모자란지 어깨를 맞대고 걸으면서 열심히 이야기를 나누고 있다. 때때로 말이 끊기는가 싶을 때 마시밀리아노는 조금 떨어져 걷고 있는 내게 잰걸음으로 달려왔다.

"수리도 안 하고 방치해둔 집을 보는 건 속상해요."
라든지,

"알레시아 잘 있었니? 가을부터 고등학교에 다닌다면서?"
집 앞에 모여앉아 있는 아이들에게 말을 거는 등 바쁘다. 내 쪽으로 달려왔다가 또다시 앞서 걷는 자코모 옆으로 뛰어간다. 경쾌하게 뛰어다니는 모습을 보는 것만으로도 기분이 밝아진다.

가끔씩 자코모가 가던 걸음을 멈추고 나를 기다려준다. 건물과

계단, 돌담을 손으로 가리키며 언제 복구했는지, 집주인은 어떤 사람인지 일일이 가르쳐준다. 마을을 안내하면서 수없이 반복해 이야기하고 대답해왔을 것이다. 연대나 인명이 줄줄 흘러나온다. 도중에 끊지 않으면 바닥에 깔린 돌 하나하나까지 설명할 기세다.

외길은 완만하게 꺾여 있거나 갑자기 좁아지거나 하면서도 끊이지 않고 계속된다. 행인은 볼 수가 없다. 산 쪽에서 지저귀는 새들의 노랫소리가 이곳까지 날아와 돌바닥과 돌담에 메아리를 남긴다.

아주 작은 광장으로 나왔다. 중앙에 돌로 만든 식수대가 있다. 간단히 손을 씻을 수도 있는 시설로 돌의 단면과 수도꼭지가 새것이다. 마시밀리아노가 잰걸음으로 식수대 반대편으로 돌아가 활짝 웃으며 오라는 손짓을 한다. 반대편에는 식수대가 아예 바닥에 설치돼 있다.

"이쪽은 동물용이에요! 개나 고양이도 있고 닭이나 양, 염소에 당나귀까지……."

작은 광장에서 사람과 동물이 마주보며 물을 마신다.

"이건 마을에서 처음 만든 우물이었어요. 1903년에 만들어졌는데 그때까지는 줄곧 산에서 물을 길어다 마셨죠."

벌컥벌컥 물을 마시는 마시밀리아노를 보며 미소 짓더니 자코모가 말을 이었다.

산 덕분에 살았고 그 산을 지키며 살았다. 자연 앞에서는 인간도 동물도 마찬가지다. 생명은 동등한 것으로 삶의 터전에 경계란 없다. 운명 공동체인 것이다.

나도 수도꼭지를 틀어 입을 가져다 댄다. 쏟아지는 물소리에 산새들의 지저귐이 녹아든다.

　안쪽 돌담에 커다란 게시물이 붙어 있는 것이 눈에 들어왔다. 많은 사진을 콜라주처럼 붙여놓았다. 가족사진을 코르크보드에 핀으로 고정해 붙여놓은 집이 자주 눈에 띄었는데, 마치 마을 사람들의 추억의 사진을 모아놓은 듯 보였다.

　"선조들이죠. 마을에서 산을 넘어 각지를 유랑하며 책을 팔던 사람들이에요."

　한 장씩 순서대로 본다. 사진은 특수비닐로 싸여 있어 선명하지 않은 것도 있다. 남편과 나란히 벤치에 앉아 있는 여성. 발목까지 내려오는 검정 원피스를 입고 있다. 많은 아이가 나란히 줄 서 있다. 사진과 더불어 옛날 임차증명서 같은 것도 보이고, '영수증'이라고 쓰인 쪽지와 물건을 납품하고 받은 납품서도 있다. 군데군데 검게 칠해진 편지는 접었던 자국이 남아 있다. 글씨는 흐릿하거나 잉크가 빛바랬다. 긴 머리칼을 아름답게 틀어올린 강렬한 눈빛의 여성. 사진 속에 있는 사람들은 하나같이 부동자세를 취하고 있지만, 어딘가 뽐내는 듯이 보인다. 콧수염이 살짝 웃고 있다. 아마 사진을 찍는 게 기뻤으리라. 진지한 표정에 나도 모르게 웃음이 났다. 흩어진 시간을 모아놓은 마을의 초상이다.

　빛바랜 풍경 속에서 베네치아를 발견했다. 골목과 담벼락이 눈에 익은 고서점 앞거리다. '드디어 왔군요' 하는 늙은 3대 주인의 목소리가 귓가에 들리는 것 같았다.

"아직 손자나 증손자가 살고 있는 집도 있어요."

콜라주 속에는 컬러사진도 있다. 서가를 배경으로 활짝 웃는 세 명의 남녀는 서로 닮았다.

이 사람들도?

"마을을 떠난 뒤에 소식이 끊긴 사람들도 있어요. 세대가 바뀌었지요. 하지만 몇몇 가족은 소식을 들어 알고 있어요. 불과 얼마 전까지 책을 팔던 사람들도 있고요. 그 가족처럼."

콜라주 속의 사람을 한 명 한 명, 자코모와 마시밀리아노가 이름을 대가며 소개한다. 이름을 알려준다 한들 내게는 전부 모르는 과거의 사람이다. 마지못해 대답하는 나를 아랑곳 않고 자코모는 계속해서 이름을 알려준다. 같은 이름이 이어져서, 같은 사람일까 하고 귀를 기울여봤는데 마을에는 성씨가 몇 안 된다고 한다. 이탈리아에서는 조부모의 이름을 손자에게 지어주는 일이 많다. 그래서 같은 가족 중에는 동성동명이 되풀이되는 일도 있다고 한다. 얼굴도 이름도 비슷비슷한 사람들이 각자의 시간 속에서 나를 쳐다보고 있다.

콜라주는 돌담에 뚫린 창 같다. 들여다보면 과거가 보이는 창.

돌연, 식수대 근처에서 인기척이 들려왔다.

"그래 좋아, 여기에 내려놓자."

우당탕, 우당탕. 둔탁한 소리가 들렸다. 곧이어 자코모가 소리 나는 쪽을 향해 반가운 듯 소리쳤다.

"지금 돌아온 겐가? 곧 점심 먹어야지!"

건장한 사내 두 명이, 나무 덤불과 흙으로 얼룩진 트레이닝복 차림으로, 삼륜차 짐칸에서 목재를 도로에 내려놓는 중이었다. 젊지는 않지만 노인도 아니다. 자코모와 마시밀리아노는 다 내린 목재를 사이에 두고 근황을 묻고 농담을 건넨다. "점심은 어디에서 먹어요?" 하고 두 사람은 메뉴까지 신경 써주며, 괜찮다면 자신의 집에서 먹고 가라고 바로 앞에 있는 현관문을 열어 보인다. 목소리가 걸걸하게 울리니 마치 산신령이 돌아온 듯했다.

적갈색의 목재는 아무리 길어도 1미터 안팎이었는데 굵기나 길이도 제각각으로 껍질이 벗겨지거나 갈라져 있다. 가구나 장식품을 만들려는 건 아닌가보다. 잔가지와 잔 조각도 적잖이 섞여 있다.

"밤이에요."

자코모가 말하자 채벌해온 나무를 척척 분류하고 있던 건장한 한 사람이 받는다.

"전부 다요. 여긴 다 밤나무예요."

양팔을 벌리더니 그 자리에서 한 바퀴 빙그르르 돌며 산을 가리켰다.

보이는 산에 자라고 있는 건 모두 야생 밤나무라고 한다. 두 사람은 산으로 들어가 오래된 가지를 치고, 작은 나무를 베어내고 고목을 채벌해서 돌아온다. 마을로 가져와 공동 장작 창고에 보관해두었다가 모두 함께 겨울을 난다.

마을이 생기기 전부터 밤나무는 산에 있었다. 자라서 열매를 맺고 마른 뒤 흙으로 돌아간다. 산들은 밤나무가 되풀이해온 삶과 죽음의 층으로 덮여 있다.

나무 덤불 길. 병사의 걸음. 돌길. 석조 예배당. 감시탑. 그리고 굴리에모와 그들을 덮는 밤나무.

그러고 보니 밤은 가시가 난 껍질로 덮여 있었지…….

"슬슬 점심 먹으러 갈까요?"

자코모의 말이 채 끝나기도 전에 이미 마시밀리아노는 식당에 전화를 걸고 있었다.

5

가난
덕분에

　광장에 놓인 플라스틱 의자에 앉아 정면에 떠 있는 태양빛을 온몸으로 받고 있다. 2월 산 정상의 공기는 청량해서 그을린 얼굴이 시원해진다. 광장의 석비 속 책을 짊어진 도붓장수가 '한숨 돌리세요'라고 하는 것만 같다.

　'그래 좀 쉬었다 가야겠다'고 생각하고 있는데 별안간 부르는 소리가 들려서 벌떡 일어나고 말았다. 언제부터였는지 바로 옆에 근육질의 키 큰 남성이 둥근 쟁반을 들고 서 있다. 사람 수대로 와인 잔에 화이트 와인을 따라왔다. 작은 기포가 올라오는 와인 잔에는 하얀 김이 서렸다. 두꺼운 면 앞치마를 두른 다소 연배가 있어 보이는 남성은 차례대로 와인 잔을 건넸다. 우아하고 익숙한 손놀림에 돌천지인 두메산골 마을에 영화의 한 장면이 펼쳐졌다. 검은 앞치마는 세탁소에서 막 도착한 것처럼 청결했고, 끝까지 말끔하게 다림질되어 있다. 가슴팍에 흰색으로 가게 이름과 석비의 도붓장수 그림이 프린트되어 있다. 옅은 하늘색 줄무늬 셔츠의 소매는 걷어올리고 돋보기를 이마에 걸치고는 손놀림 하나하나에도 신경을 써서 예의 바르게 잔을 건넨다. 자코모 일행은 남은 의자를 끌어와 테이블 대신 쓰면서 거리낌 없이 마시고 서성이고 이야기한다. 광장이지만 집 거실에서 쉬는 느낌이다.

"두 종류를 구워봤어요."

검은 앞치마를 두른 가게 주인은 바와 광장을 오가며 오븐 접시를 통째로 들고 온다.

"이건 티치아노가 제일 잘하는 요리입니다."

자코모는 마치 자신이 직접 구운 것처럼 우쭐해하며 권한다. 얇은 피자 도우에는 토마토소스가 발라져 있고 군데군데 걸쭉하게 녹은 치즈가 올려져 있다. 토마토소스를 바른 모양이나 올려진 치즈 모양이 하도 제각각이어서 마치 지도 같다. 올리브도 듬성듬성 얼굴을 내밀고 있다.

"만약 치즈를 싫어하면 이쪽은 치즈가 없으니까. 토마토소스가 지겨우면 여기 안 발라진 곳으로……."

가게 주인 티치아노는 한 입 크기로 자른 피자가 담긴 오븐 접시를 통째로 들고 다니며 권하고 있다. 그래서 토마토소스와 치즈 모양이 고르지 않은 거였구나. 엄청 뜨거울 것 같아 쉽사리 손을 대지 못하고 있자 얼른 이쑤시개 통을 내민다.

손으로 찢어놓은 생 햄에 두터운 포카치아도 나왔다. 청명한 하늘, 광장이 고소한 냄새로 가득하다. 티치아노의 흐르는 듯 유연한 서비스와 함부로 끼어들어 쓸데없는 이야기를 늘어놓지 않는 서비

스 덕분에 일류 레스토랑에서 전채 요리를 먹기 시작한 기분이다.

시큼한 맛은 씹으면 씹을수록 감칠맛으로 변해 입안에 번져 삼키는 게 아까울 정도다. 분명 티치아노가 이곳의 토마토로 만들었을 것이다. 나는 자코모의 아내와 마주보고는 '정말 맛있어요!' 하며 황홀한 미소를 짓는다.

손으로 찢어놓은 생 햄은 얇지도 두껍지도 않다. 자꾸 손이 가게 만드는 적절한 염도가 폭신폭신한 포카치아 한 입과 먹기에 딱 좋다. 손으로 찢어놓은 크기가 절묘한 것일까.

티치아노는 바르 입구에 서서 우리가 먹고 마시는 모습을 바라보고 있다. 잠시 후 자코모가 고개를 빼고 그를 보자 얼른 가게 안으로 들어간다. 주문도 계산도 그걸로 끝이라는 신호 같았다.

"슬슬 일어날까요?"

이끄는 대로 두 대의 차에 나눠 탔다. 차가운 와인을 한 잔만 더 마시고 싶었다. 상큼한 첫맛에 느껴지는 산미와 염분은 식욕을 돋운다. 모자라지도 넘치지도 않는 딱 좋은 식전주만으로도, 성찬에 버금가는 만족을 느낄 수 있다는 걸 깨달았다.

차는 마을의 울창한 나무를 가르듯이 하며 멀리 보이는 산을 향해 오른다. 첫 굽잇길이 나오자 마시밀리아노가 창을 연다.

"숲의 향기가 나죠?!"

그가 어깨를 들썩이며 심호흡을 한다. 운전을 하면서 페데리카와 길 상태를 꼼꼼히 체크한다. 지금 가는 산길이 개와 달리는 마라

톤 대회의 코스인가 보다. 포장 상태나 경사각을 보면서 "여기를 단숨에 올라가면 나머진 편할 거야"라든지,

"저 앞에는 길고 지루한 오르막이 있으니까 서두르지 말고 힘을 아끼면서 달려야 해."

"커브가 심한걸."

"저기 나무 그늘은 급유대를 설치하기에 딱 좋겠어."

등등 열심히 확인하고 있다. 마시밀리아노는 이미 발바닥 감각으로 산길을 다 익히고 있을 터였다.

한동안 달리자 길가에 몇 대의 차가 정차해 있는 것이 보이기 시작했다. 근처에 식당이 있었다.

식당이라기보다 산장 같은 분위기다. 길에서 2, 3미터쯤 높은 곳에 세워져 있다. 삼각지붕 처마 밑에는 튼튼한 나무 대들보가 있다. 진한 갈색의 나무 창틀은, 숫돌 가루를 발라 새하얀 외벽에 걸어놓은 액자 같았다. 계단을 올라 문을 두드리자 안에서 후끈한 열기가 맞아준다. 숯을 태우고 있는 걸까. 무척 고소한 냄새가 코끝을 자극한다.

"오 이런!"

"오랜만이군."

"잘 지냈나?"

"아버님은 잘 계시고?"

"이번엔 언제까지 있을 거야?"

사방팔방에서 인사말이 쏟아진다. 만원이다. 20~30명쯤은 될까.

안쪽 테이블에서 점심 식사가 한창이던 사람들도 앉은 채로 이쪽을 향해 한두 마디씩 인사를 건넨다.

가게 안에는 중년과 노인들뿐이다. 모여 있는 모습으로 짐작건대 모두 단골손님이고 서로 아는 사이 같다. 테이블은 달랐지만 여기저기 돌아다니며 이야기를 하다가 그대로 그 자리에 앉기도 하고, 앉아서 담소를 나누는가 싶더니 또 다른 테이블로 옮겨가며 왁자지껄하다. 웨이터들도 익숙한지 돌아다니는 사람들을 지켜보다가 새 접시와 잔, 포크와 나이프를 재빨리 가져다놓는다.

자, 여러분 하면서 주인으로 보이는 남자가 양팔을 벌리고 주방에서 나와 우리를 중앙의 테이블로 안내한다.

"잘 부탁하네."

마시밀리아노와 자코모가 가게 주인의 양쪽에서 어깨를 감싸고 인사를 한다.

"잘 왔어요. 맛있게 들고 가요."

메뉴판도 없지만 요리에 대한 설명도 없다. 쿵, 쿵, 쿵 하고 물이 든 병이 테이블 한가운데에 놓이고, 또다시 쿵. 1리터짜리 유리병에 레드와인이 출렁이고 있다.

식사를 끝낸 사람들이 차례로 우리 테이블에 와서는 자코모 부부, 마시밀리아노와 담소를 나누고, 돌아가면서 내게도 환한 미소로 인사한다. 결국 가게 안에 있던 거의 모든 사람이 와서는 인사하고 자기소개를 하고 나는 한 사람 한 사람에게 웃으며 목례를 반복했다. 각자의 테이블로 돌아가 등을 돌리고 앉은 자세로도 계속해서

이쪽을 의식하고 있는 것처럼 느껴졌다.

그것은 처음 마을을 찾아온 손님에 대한 환대와 배려였고 또한 타지 사람에 대한 호기심과 경계일지도 모른다고 생각했다. 몬테레조와 주위의 산들을 잇는 길 도중에 느닷없이 누각처럼 높이 지어 놓은 식당의 외관을 떠올린다.

짙은 복숭아 빛을 띤 생 햄이 기다란 목제 접시에 담겨 나오고, 식사가 시작됐다. 향긋한 냄새. 짭쪼름한 데다 식감도 일품이다. 야생 멧돼지 햄이다. 페데리카는 한두 개 집어먹더니,

"아, 배부르다. 오늘은 여기까지!"

일찌감치 선언하더니 냅킨을 올려놓는다. 마시고 있는 건 물뿐이다. 하긴 그녀는 마라톤 참가자다.

"그러지 말고 더 먹어요."

양손에 큰 접시를 들고 가게 주인이 음식을 권한다. 얇게 편 파이 생지에 리코타 치즈와 달걀과 채소를 넣고 구운 것이다. 그것을 본 자코모가 말한다.

"이건 제가 부탁했어요. 할머니가 자주 해주시던 요리죠. 파이를 한 입 베어 물면 산이 통째로 들어온 것 같았어요. 어릴 때부터 '천국의 파이'라고 불렀는데 먹고 싶어서 할머니를 조르곤 했죠."

계절마다 다른 허브와 작은 텃밭에서 기른 제철 채소를 따서 넣는다.

"이건 그 파스타 버전이라고 할 수 있죠."

새콤달콤한 토마토 향이 뜨거운 김과 함께 올라온다. 수제 파스

타 도우에 현지 채소나 허브를 넣고 라비올리를 만들어, 잘게 다진 고기와 토마토를 넣고 푹 끓인 소스로 버무렸다. 밀라노를 빠져나와 지나쳐온 광활한 토마토 재배 농지 일대에도 비슷한 파스타 요리가 있다.

"어라?"

먹어보니 산 너머 지역과는 맛이 다르다. 원래 다진 고기가 들어 간 토마토소스는, 산 너머 북부에 있는 볼로냐가 발상지다. 볼로네제 라고 불리기도 한다. 언뜻 같아 보이는데 뭐가 다른 걸까? ……올리 브오일이다!

"이곳은 산속이지만 바다죠" 하고 고개를 끄덕이며 자코모는 라 비올리를 담는다. 산 북쪽에서는 삶거나 튀길 때 라드를 쓴다. 돼지 기름이 모든 요리의 기본 재료다. 따라서 볼로네제도 진한 맛이다. 그러나 몬테레조 일대에서는 동물 기름을 쓰지 않는다. 올리브오일 이다.

"옛날부터 그랬어요. 올리브오일 산지로 유명한 토스카나주지만 이곳 몬테레조 일대에는 올리브나무가 없어요. 자라고 있는 건 야생 밤나무뿐이죠. 옛날부터 주로 바다 쪽인 리구리아에서 올리브오일 을 들여와 먹었다고 해요."

산에서 나는 식재료를 바다 근처에서 재배한 올리브오일로 요리 한다. 이 또한 이곳이 연안에서 산을 넘어 올리브오일을 운반한 장 삿길이었다는 증거가 되지 않을까. 부드러운 올리브오일의 향 저편 까지 리구리아 상인의 발자취가 이어져 있다.

"고기를 넣고 푹 삶은 토마토소스를 파스타에 부어 먹는다는 호화스런 방식은, 옛날에는 꿈같은 얘기였죠."

그렇게 말하면서 다음으로 가게 주인이 내온 것은, 엄지손톱만 한 크기의 회색빛이 감도는 옅은 갈색 밀가루 음식이다. 유행하는 통밀 파스타? 잘게 썬 녹색 채소가 섞여 있다.

"밀가루는 부유층 음식이었기 때문에 좀처럼 구하기 힘들었죠. 산으로 들어와 야생 밤을 따서 가루로 만들었어요. 물만 넣고 반죽해서, 이렇게 말이죠. 이렇게 꾹꾹 눌러서……."

마시밀리아노가 엄지손가락을 테이블에 대고 미는 시늉을 해 보인다. 갈색 음식은 밤가루로 만든 뇨키였다. 원래 뇨키는 삶은 감자를 으깨서 밀가루를 조금 넣고 물로 반죽해 만든 무척 소박한 요리였다. 주로 북부 이탈리아에서 밀가루를 살 수 없는 가난한 사람들이 포만감이 오래가고 저렴한 감자를 파스타로 만들어 먹었다.

작은 알갱이 모양의 뇨키를 한 숟가락 떠서 입에 넣는다. 식감이 살아 있다. 다른 재료는 대파뿐이다. 뭉근하게 끓여 크림처럼 부드러워진 표면을, 올리브오일의 향기가 부드럽게 감싼다. 소금으로 간을 한 뇨키는 씹을수록 대파와 밤에서 단맛이 배어나온다. 투박한 음식이니 맛도 별로이겠거니 우습게 생각하고 먹었다가, 당당히 일품요리 등극.

밤, 물, 소금, 올리브오일, 대파. 그리고 엄지손가락의 힘. 단지 그것뿐. 그러나 그래서 더 기품 있는 맛.

접시 안에서 몬테레조를 본다.

식당을 나오는데 뭐라 말이 안 나온다.

"너무 많이 먹었나요?"

마시밀리아노가 걱정하며 내 기색을 살핀다. 배 꺼지라고 한바탕 달리는 건 어때요? 하고는 달리는 시늉을 해 보인다.

배부르게 먹은 건 요리만이 아니었다. 이 산마을을 둘러싼 많은 것을 반추해보고 가슴이 먹먹해졌던 것이다.

돌담에 붙어 있던 마을 사람들의 사진을 다시 떠올린다. 사진 속 사람들은 매년 봄이 되면 유일한 토산품인 돌과 밤을 모아, 등에 지고 산을 넘고 계곡을 건너 프랑스 혹은 스페인까지 갔던 것이다. 둘러메고 떠났던 돌을 다 팔고 나면, 빈 광주리를 그대로 들고 오는 게 아까워 도중에 책을 위탁받아 다시 광주리에 넣고 팔면서 집으로 돌아왔다고 한다.

그들이 길을 떠날 때 등에 진 것은 돌의 무게만이 아니었다. 남겨진 가족들에 대한 책임, 미래에 대한 불안과 고독의 중압감도 있었을 것이다.

몬테레조 마을 사람들이여. 도대체 무엇이 당신들로 하여금 돌을 나르게 하고, 어떤 선택이 책을 지고 돌아오게 한 건가요?

하늘의 계시인가, 우연인가, 운명의 장난인가.

돌과 책. 이 불가사의한 인연을 낳은 배경을 조사하기 위해 오늘 나는 마을을 찾았다. 자코모 일행의 뒤를 따라 돌길을 걷고, 석조 예배당과 탑과 성을 만나고, 산에 둘러싸여 광장에 앉았다. 그리고 모두와 함께 소박한 향토 요리를 나눌 때에는 대대로 산에서 살아온 마을 사람들의 마음이 온몸으로 전해져왔다.

　도붓장사를 떠나기 전, 온통 밤으로 만든 음식이 차려진 식탁에서 가족이 둘러앉아 배웅하는 정경이 눈에 선하다. 소박하면 할수록 마음을 움직이는 맛이다. 마을 사람들의 미각의 원점. 마을을 지켜온 것은 어떻게든 되겠지 하는 단순명쾌함에서 태어난 강인함이다.

　헤어질 때 자코모와 마시밀리아노에게 묵직한 보따리를 받았다.

　짙은 보라색 블루베리 잼, 백화 꿀, 밤 가루, 밤 가루로 만든 건빵, 얇게 저민 말린 버섯.

　"도붓장사를 떠날 때 가족이 들려준 보따리예요. 웬만하면 변질되지 않고 오래 먹을 수 있을 거예요. 산에서 길어온 약수도 드리고 싶지만……."

　보따리 안에는 오늘 방문 일정의 복습이 들어 있다. 요리하면서 몬테레조에 좀더 가까워지기 위한 예습이 시작될 것이다. 밀라노에 돌아와 보따리를 풀자, 바닥에 편지가 있었다. 마시밀리아노가 쓴 편지였다.

　요코 씨에게

　몬테레조를 방문해주셔서 정말 감사합니다. 어떻게 마을 소개를 해야 할지 마을 사람들과 의논하다가 각자 부모님이나 노인들에게

들은 것을 떠올려보기로 했습니다. 그러자 지금까지 잠들어 있던 추억과 감각이 차례로 눈을 뜨고 움직이기 시작하더니, 눈앞에 나타났습니다. 선조들과 재회하는 것만 같았습니다. 감사합니다.

저는 몬테레조를 떠나 살고 있습니다. 하지만 마을에서 멀어질수록, 시간이 흐를수록 향수는 깊어져갈 뿐이었습니다.

아무것도 없는 마을. 먹을 게 없었던 삶. 그 덕분에 마을은 지금을 살아가고 있습니다.

가난했던 덕분에 선조들은 길을 떠났고 국경을 넘었습니다. 목숨을 건 행상이 용기와 책과 이탈리아의 문화를 전하는 결과로 이어졌던 것입니다.

읽고 쓰는 것도 몰랐던 가난한 마을 사람들이 책을 팔러 다녔습니다. 설명이 필요 없습니다. 기적 같은 이야기입니다. 이 불가사의한 힘은 숲의 나무로부터 나온 것이라 믿습니다.

숲은 신비합니다.

어릴 때, 가을이 오면 반드시 할아버지 할머니, 그리고 친구도 함께 숲으로 들어가 밤을 주웠습니다. 땅에 얼굴을 파묻다시피 한 엎드린 자세로 조금이라도 더 크고 상처가 나지 않은 밤을 주우려고 열심히 찾았습니다. 산은 밤나무에서 떨어진 낙엽으로 온통 노랗게 물들었고, 쏟아지는 햇살에 황금빛으로 빛났습니다. 꿈같은 광경이었습니다.

몬테레조 주변의 산은 밤나무 숲입니다. 아무도 돌봐주지 않는데 가을이 되면 모든 산에서 밤이 열립니다. 기적의 열매입니다.

추위와 습기가 뼈에 사무칠 무렵, 마을은 밤 굽는 냄새로 가득합니다. 광장에 마을 사람들이 모두 모여 밤을 구워 먹기 때문입니다. 그저 함께 모여 밤을 먹습니다. 오장육부에 밤의 영양이 구석구석 흡수되어 숲의 힘이 생기고, 신성한 기분이 됩니다.

버섯! 혼자서 말라죽은 나뭇가지를 헤치고, 수풀 속을 뒤지며 나무 덤불 안으로 들어갑니다. 찾았다! 조심스레 버섯을 따서 숲의 향기를 한껏 들이마십니다. 산에 안기는 순간입니다.

6월에는 라즈베리, 8월에는 블랙베리, 그 빛깔, 시고 달콤한 맛, 한없는 부드러움. 울창한 가지에 손을 뻗어 조심조심 땁니다. 잼을 만들기 위해 따지만(몬테레조에 잼 만드는 명인이 있는데 다음에 맛도 볼 겸 함께 가요) 저는 따자마자 그 자리에서 먹었습니다. 꿀맛이었습니다! 신이시여, 감사합니다.

8월이 되면 마을 사람들은 밖에 나와서 저녁을 먹습니다. 우리 악동들은, 어른들이 광장에 모여 있는 것을 확인하고는 산비탈로 기어들어가 석류를 배가 터져라 먹으며 웃고 놀았습니다. 석류나무는 사다리를 걸쳐야 할 만큼 커서 아이들끼리 올라가서는 안 되는 나무였습니다. 금단의 열매에서는 어른의 맛이 났습니다. 영웅이 된 기분이었지요. 하지만 어른들은 이미 다 알고도 모른 척 지켜보고만 있었던 것을 나중에야 알게 되었습니다. 마을 사람이라면 누구라도 그렇게 자랐던 겁니다. 우리 몬테레조 마을 사람들은 산에서 모든 걸 배웠습니다.

매년 학교가 끝나면 6월부터 9월까지 저는 할아버지, 할머니와 함께 몬테레조에서 지냈습니다(할머니의 아버지도 서점을 하셨답니다).
저녁마다 어슴푸레한 숲을 지나 젖소를 키우는 안나 할머니 집에
가서 유리병에 막 짜낸 생우유를 받아오는 게 제 일이었습니다.
초등학생이었던 저는 우유가 찰랑찰랑 들어 있는 병을 양팔로 감
싸 가슴에 안고, 흘리지 않으려 조심조심 걸어서 돌아오곤 했습니
다. 병에서는 희미하게 온기가 느껴졌습니다. 참지 못하고 한 모금.
'아아, 맛있다!'
한 모금만 마시려다가 항상 더 마시는 바람에 할머니에게 호되게
야단을 맞았지요. 그 달고 진한 맛은 지금도 잊을 수가 없습니다.
안나 할머니는 90세가 넘었는데 지금도 아주 정정하십니다.

오늘 점심 식사와 이 토산품은 마을에 내려오는 맛입니다. 우리
유년의 기억입니다.
몬테레조를 맛보세요.

2017년 2월 26일 몬테레조에서
마시밀리아노

6

날아가라,
내 마음이여

책이 책을 데려온다.

몬테레조 마을과의 만남은 이렇게 말고는 설명할 도리가 없다. 실제로 마을을 찾아가보니 역시 그 생각이 더욱 강렬해졌다. 그 존재를 알게 된 곳은 마을이 있는 산맥에서 멀리 떨어진 베네치아고, 들어본 적도 없던 현지로 조사 하나 없이 무작정 떠났다. 마을에 대해 알려준 베네치아의 늙은 서점 주인으로부터 "선조라고는 해도 마을에 대해선 잘 몰라요. 부디 나 대신 마을을 다녀와 그 모습을 전해주세요"라는 부탁을 받았다.

"어렵지 않은 얘기군요."

앞뒤 잴 것도 없이 그러마 했다. 토스카나주라고 한다. 바로 코앞이 아니던가. 밀라노에서라면 아무리 산속 마을이라도 서너 시간이면 충분히 갈 수 있다. 작은 여행을 즐긴다는 생각으로 가보자.

그러나 웬걸, 몬테레조 마을은 쉬이 갈 수 있는 곳이 아니었다. 찾아보니 가까운 철도역에서조차 15~16킬로미터는 떨어져 있다. 심지어 역은 몬테레조와 이어진 가까운 산자락에 있어도 같은 산이 아니었다. 역에서부터는 하계下界에서 운해雲海로 오르는 듯한 여정이 기다리고 있다. 마을로 가는 노선 버스가 있긴 했지만, 운행 대수도 적은 데다 복잡한 노선을 갈아타야만 했다. 밀라노에서 가까운 역까지 3시간에 간다 해도 그곳에서 다시 버스를 타고 또다시 3시간을 가야 한다. 악천후나 시위로 버스를 놓치면 다음 일정은 줄줄이 꼬이고 만다.

그렇다면 역에서 걸어갈까? 능선을 따라 일단 산을 몇 개 넘으면 마을이 있는 산어귀에 도착한다. 그러나 그 전에 강이다. 산기슭이라면 강폭도 좁고 수심도 얕지만 가면 갈수록 물살이 세지면서 깊은 계곡으로 바뀐다.

가는 방법을 모색하던 중 마을 대표의 도움으로 밀라노에서 출발하는 차에 동승하는 행운을 얻었다. 달리는 차창 밖으로 보이는 풍경은, 달리고 달려도 산과 오르막과 계곡의 연속으로, 아무리 승용차라도 그리 쉽사리 갈 수 없을 거라는 인상을 받았다.

이래저래 겨울 끝 무렵에 마을을 방문한 지도 벌써 석 달 가까이 지나고 있었다. 돌과 밤으로 뒤덮인 마을을 반추하면서, 봄이 온 마을이 꼭 한번 보고 싶어졌다. 지난번엔 마을에 사람들이 거의 없었다. 이야기를 나눈 사람은 길 안내를 맡아주었던 마을 대표 자코모와 마시밀리아노뿐이었고, 두 사람 역시 평소에는 마을에서 살지 않았다. 주말이나 휴가 때만 마을을 찾을 뿐이었다. 마을에 살고 있는 사람들과도 만나서 이야기를 들어보고 싶었다.

　게다가 2월에 갔을 때 자코모 일행은 한 번에 모든 걸 들려주고 싶어했다. 마을이 생긴 건 기원전으로 거슬러 올라간다로 시작하는. 거기에서 주위의 산맥이나 아랫마을, 바다, 고대 로마나 비잔틴 시대, 산 일대의 귀족 영주, 예배당, 성지 순례, 이교도의 침공, 나폴레옹 1세의 지배, 이탈리아 통일 운동, 두 차례의 대전을 치른 수천 년의 역사를 종횡무진하며 설명했다. 역사상의 호걸에서 일개 마을 사람까지 두루두루.

　'침 튀기며 말한다'는 말을 몸소 체험했다.

　몬테레조에 대해 이야기하는 두 사람을 보면 입이 떡 벌어진다. 뭔가에 홀린 사람처럼 보이기도 했다.

　"그렇게 말하는 당신도 뭔가에 이끌려 이 산골짜기까지 온 거 아닌가요!"

　자코모와 마시밀리아노의 이야기는 시간 축을 따르는가 싶다가도 샛길로 빠지거나 그대로 탈선한 채 전력 질주했다. 나는 필사적으로 따라붙어 주제를 정리하려 하지만, 끝도 없는 민간 전통과 그 내력에 휩쓸려 허우적거리고 만다. 질문은커녕 추임새조차 넣을 틈이 없다. 내가 이해하든 말든 그들은 전혀 개의치 않는 것처럼 보였다. 틀어놓은 수도꼭지에서 힘찬 물줄기가 쏟아지는 것 같았다. 오랜 시간 담아두었던 마을 이야기의 깊이를 들여다보는 듯했다.

　값진 방문이었지만 무거운 돌을 주머니에 넣은 채 마을을 떠난 기분이었다. 어떻게 땅끝 같은 산골짜기에서 책이 각지로 옮겨진 걸

까. 불가사의한 역사라고는 해도 납득이 가지 않았다.

처음부터 이야기를 들어야겠다. 지난번 만나지 못했던 마을 사람들을 한 명 한 명 찾아가보자. 마을에 관한 것이라면 될 수 있는한 많이 찾아가보자. 아이와 노인, 양과 당나귀, 밤나무와 봄에 피는 꽃과 벌을 따라 능선을 바라보며, 덤불 속을 헤쳐 숲으로 들어가 중세로부터 이어진 이웃 마을을 걷고, 강을 따라 내려와 밤에는 달을 보는 거다. 암흑 속에 들려오는 소리에도 귀를 기울여보자.

"응……?"

전화기 저편에서 자코모가 아연실색한다.

다시 가고 싶은데 이번엔 철도로 가보고 싶다. 혼자서 가보겠다.

그렇게 말했기 때문에 놀랐을 것이다. "아무리 그래도 버스를 갈아타고 가기엔……"이라는 말에 설득당하고서야 근처 폰트레몰리역까지 차로 데리러 온다는 데에 합의했다. 이번에도 동행하겠다는자코모의 호의가 고마웠다. 몬테레조는 작고 평화로운 마을이지만, 동시에 완고하고 진지한 분위기가 감싸고 있다. 오랜 역사 위에 덮인돌 뚜껑은 이방인이 한두 번 방문한다 한들 꿈쩍도 않을 것이다.

첫차로 간다. 발차 안내판을 보니 22번 승강장이라고 나온다.

이른 아침의 밀라노 중앙역 구내에서 전광판을 올려다본 순간그 자리에 얼어붙는다. 제2차 세계대전이 끝날 무렵, 북부 이탈리아전역에서 승객을 태운 만원 열차가 출발했다. 21번 승강장. 두 번 다시 돌아올 수 없는 길을 떠난 열차. 그 종점은 아우슈비츠였다. 그 옆에서 출발하는 건가…….

현재 21번은 없어진 번호다. 영구 결번 승강장이다. 다음 번호의 운명 같은 게 있을까. 몬테레조는 오랜 역사 속에서 이어진 숫자 21번과 무슨 연관이라도 있었던 걸까.

이런저런 상념에 사로잡혀 승강장으로 향하는 넓은 구내를 걷는다. 개찰구와 가까워 편리한 승강장에서는 베네치아나 로마, 토리노나 피렌체 같은 주요 도시로 가는 열차가 출발한다. 22번 승강장까지는 역의 끝에서 끝이다. 멀리 보이는 벽을 향해 끝까지 걸어가 그곳에서 다시 앞쪽으로 걸어간 곳에 있다.

열차는 이미 승강장에 들어와 있었다. 척 봐도 완행열차다. 10량이 넘는 모든 차량은 색이 바래어 오랫동안 방치해둔 것처럼 보였다. 아니 어쩌면 그냥 낡았을 뿐일지도. 다른 철로에서는 더 이상 볼 수 없는 구식 열차가 길게 정차되어 있었다.

이등칸만 있고 모두 자유석. 고장이 나 반만 열리는 문으로 몸을 비집고 타보니 승객은 나 혼자였다. 싸구려처럼 보이는 푸른 염화비닐 의자도 만들어졌을 당시에는 꽤나 참신했을 게 틀림없다. 앉은 사람이 없다보니 이탈리아를 상징하는 맑은 하늘색만 눈에 띄어 쓸쓸하다. 지금부터 열차가 지나쳐갈 땅들의 적막함을 상징하는 것만 같다.

드디어 출발. 빈자리가 많은 완행열차는 밀라노에서 파다나평야를 남하하며 역마다 정차한다. 타는 사람이 있는가 싶더니 다음 역에서 내려버린다. 평야 한가운데서 타고 내리는 사람들은 대부분 외

국인 남성이다. 아프리카 사람이나 중동 사람들에 섞여 남미 사람도 있다. 아시아계는 나뿐이고, 여행을 목적으로 탄 사람도 아마 나뿐인 듯했다. 다른 승객들은 거의 혼자였는데 슈퍼마켓 비닐봉지나 축 늘어진 낡은 배낭을 안고 조용히 앉아 있다. 야윈 뺨에 강렬한 눈빛. 마르긴 했어도 떡 벌어진 어깨와 팔. 힘줄이 솟아 있다. 며칠 동안 옷을 갈아입지 않은 듯한 모습이 마치 이 차량을 닮았다. 하나같이 한두 정거장 사이에 타고 내린다. 검표를 위해 지나는 차장을 만날 새도 없다. 그 일대의 농사일에 고용된 노동자들일 듯싶었다. 예전에 가난한 몬테레조에서 산을 넘어 돈을 벌러 가던 사내들과 겹쳐진다.

멀리 산맥이 보이기 시작할 무렵 열차를 갈아타기 위해 내렸다.

함께 내린 사람들이 역을 떠나고, 나만 홀로 무인 승강장에 남아 갈아탈 열차를 기다린다.

시골 냄새다. 역 저편에서 흙과 햇살과 퇴비와 풀내음이 섞인 시골 냄새가 불어온다. 한산한 승강장을 깊게 숨을 들이마시며 걷고 있자니, 역무원실 출입문이 열려 있는 게 보인다. 이 역과는 어울리지 않게 무척 큰 역무실에 기계와 모니터가 들어차 있는데 마치 관제탑 같았다. 형광색 작업복 차림의 기관사들이 화면을 확인하거나 전화를 하거나 바삐 움직이고 있다.

'이런 평야 한가운데에……'

신기한 듯 들여다보다가 한 사람과 눈이 마주쳤다.

그 사람은 계기판 너머로 이쪽을 보고 있다.

주세페 베르디.

일하는 기관사들을 내려다보듯, 작곡가 베르디의 커다란 초상화가 걸려 있는 것이었다. 학교나 병원, 시청 같은 벽에는 그림이 걸려 있는 게 당연하다. 주변 유적지라든지 풍경화나 수호성인 같은. 그 지방 출신 화가의 작품일 때도 있다. 가령 남부 이탈리아의 신앙심 깊은 곳에서는 로마 교황이나 피오 신부의 사진이 걸려 있기도 하다.

그런 자리에 베르디다.

"베르디는 이탈리아 정신의 아버지니까요."

문을 닫으러 온 기관사가 자랑스러운 듯 말했다.

수많은 명곡을 탄생시킨 베르디는 오늘 아침 내가 열차로 달리고 있는 이 평야의 한가운데서 태어났다. 19세기 중엽, 나폴레옹에 이어 오스트리아의 지배하에 있던 이탈리아에서 독립 전쟁이 일어나는데, 마침 그때가 베르디의 창작 활동 시기와 겹친다. 베르디의 음악은 격동기 이탈리아인의 마음을 사로잡았다. 특히 오페라 「나부코」 3막 합창곡 〈날아가라, 내 마음이여, 금빛 날개를 타고Va, pensiero〉에 열광했다. 적국인 바빌로니아에 잡혀 있던 히브리인(유대인)들이, 잃어버린 조국을 향한 간절한 그리움을 토로하는 장면에서 울려 퍼지는 합창이다. 아마도 많은 이탈리아인이 당시 자신들이 처한 상황과 장면을 투사하면서, 이국의 지배로부터 자유로워지기를

희망하며 들었을 것이다.

그러나 그러한 종교나 정치적 배경과는 무관하게, 베르디의 음악은 다시 들어도 금세 이탈리아의 대지와 하늘, 풍요로운 바다가 떠올라 온몸이 행복으로 가득 차고 마음이 부푼다. 베르디가 '이탈리아의 아버지'로 불리는 것은, 통일 국가가 탄생하려고 하는 시대에 사람들의 사기를 높였기 때문이 아니다. 그 음악이 교의나 이론으로는 설명할 수 없는 사람들의 정情을, 이탈리아의 정신을 그리고 있기 때문일 것이다.

환승역 주변의 광경은 베르디의 음악 그 자체였다.

'마음껏 음미하면서 여행하세요.'

마치 액자 속 베르디로부터 배웅을 받은 듯한 느낌이 들었다.

철도 여행은 어땠냐고 마을 노인이 묻기에, 나는 차창을 가득 채운 농경지나 역에 걸려 있던 베르디의 초상화에 대해 숨도 안 쉬고 말했다.

"그렇게 은혜로운 땅을 지키는 데에는, 영주의 고뇌도 대단했을 거예요."

진지한 얼굴로 노인이 말했다. 세르조는 90세. 등이 살짝 굽긴 했어도 큰 키에 정정하다. 젊었을 때는 더 진한 블루였겠구나. 커다란 푸른 눈동자에 곧게 뻗은 콧날, 단정한 생김새다.

"선조에 관한 것만이 아니라 마을 역사에도 밝으시니 한번 만나 보세요."

마을에 살고 계신 분들의 이야기를 듣고 싶다고 부탁하니, 자코모가 자신의 아버지를 소개하며 한 말이다.

"나무를 한 그루 한 그루 본다고, 숲을 볼 수 있는 건 아니죠."

자신의 가족 이야기를 시작하기 전에, 우선 몬테레조를 둘러싼 일대의 역사에서 시작하죠, 하며 늙은 아버지는 결심한 듯 등을 펴고 자세를 고쳐 앉았다.

마을 어귀 광장의 바르 안에 앉아 있다. 2월에 왔을 때 수제 피자로 환영해준 티치아노의 가게다. 한 사람, 또 한 사람 비좁은 가게로 들어온다. 안쪽에 앉아 있던 세르조와 나를 번갈아보며 인사하더니, 그대로 우리 곁에 의자를 당겨와 앉는다.

"산드로예요. 마을 행사 책임자죠."

"레나토라고 해요. 지난번에 마을을 안내했던 마시밀리아노의 사촌 동생이에요."

그 후로도 "세르조의 처예요. 마리아라고 해요."

자코모의 어머니도 오셨다. 티치아노가 재빨리 테이블을 벽 쪽으로 밀어붙이고 의자를 둥글게 배치하자, 바르는 연장자의 이야기를 듣는 공간으로 한순간에 변했다.

"산에 사는 사람들은 대개 폐쇄적인데 몬테레조도 예외는 아니죠. 사람들은 지금도 경계심이 강해요. 그건 고대 로마 시대에 감시탑이 세워졌던 때부터 이어져온 이 땅의 습성이죠. 성지 순례길로 가는 경로이기도 하고요. 이 땅의 역사와 지리가 사람과 물자의 농선을 떠맡게 되었어요. 훗날 통치자들에게 이 일대의 산들은 중요한 경로가 됐던 거죠."

고즈넉한 두메산골 마을에는 어울리지 않아 보이는, 견고한 석조 건축물을 떠올린다. 산 높이에 맞춘 듯 마을 주위에 쌓은 돌벽은, 외부로부터의 침입은 개미 새끼 한 마리도 용납하지 않겠다는 단호한 태세였다.

"해안을 따라 북상해가는 건 상당히 멀리 돌아가는 거죠. 상륙해서 북쪽에 있는 나라로 가는 최단기간의 여정이 몬테레조를 넘는 것이었어요."

바다도 없고, 평지도 없고, 대리석 채석도 할 수 없다. 해산물도 농작물도 축산품도 천연자원도 전혀 없는 마을이었지만, 몬테레조는 풍요로운 땅으로 가기 위한 '통과 지점'에 정확히 위치해 있었다.

"우리의 특산품은 이를테면 '통행권'이었어요."

잠시 밖으로 나갈까요? 하고 세르조가 이끄는 대로 광장의 돌길을 걷는다. 마을 어른의 이야기를 들으며 다시 걸어보니, 양쪽에 줄지어 선 낮은 건물들이 마치 스크럼을 짜고 두 줄로 선 건장한 사내들처럼 보인다. 한 치의 틈도 없이 무엇도 놓치지 않겠다는 듯 감시하고 있다.

"건조물의 차이가 느껴지나요?"

지금까지의 집들의 대열을 단단히 동여맨 듯한, 작은 정육면체를 두 개 겹쳐놓은 것 같은 건물이 길목을 끼고 마주보며 서 있다. 마치 두 개의 산 같다. 각 정육면체의 입구에는 상반신을 굽히지 않으면 지날 수 없는 낮은 문이 달려 있다. 벽면은 투박하게 깎은 돌들의 연속이다. 아주 건강한 사내 둘이 자세를 낮추고 언제든 달려들 기세처럼 보인다. 그 목과 팔뚝, 허리, 복사뼈 근처에 사각형 구멍이 깊게 뚫려 있다.

"여기에 양쪽으로 열리는 문이 달려 있었어요."

관문이다.

돌탑은 1층 부분이 살림집으로, 감시병들은 24시간을 탑에서 보냈다. 용케 마을로 잠입한 자들이 있었다 해도 이곳에서부터는 한 발짝도 들일 수 없게끔 관문을 만든 것이다.

"경계, 또 경계!"

세르조는 관문 바로 앞의 오르막길을 가리켰다.

"중세에는 저기를 빙 둘러서 해자가 있었어요."

도개교(성곽 등에 평소에는 매달아두고 유사시에만 내려 걸치는 다리—옮긴이)가 있었다고 한다.

그리고 저것도, 하더니 관문 근처의 건물 끝에 열린 아치 내부를 보라고 한다.

폐가인가보다. 썩어서 형체가 무너진, 아치 아래에도 무너진 돌과 진흙, 나무 파편, 쓰레기 더미가 바람에 떠밀려와 쌓여 있다. "더 안으로 들어가보세요." 캄캄하다. 자코모가 앞장서서 전방을 휴대전화 조명으로 비춘다. 창백하게 비춰진 조명에는 무릎까지 부서진 벽돌로 덮인 비좁은 동굴이었다. 큰 키의 자코모는 자세를 한껏 낮추고 있다. 슬금슬금 안으로 들어간다. 습한 냄새와 오래된 공기. 난순한 아치라고만 생각했는데 터널처럼 끝없이 이어져 있다. 한 사람이

겨우 지날 수 있는 폭이라 숨이 막힌다. 창은 없다. 양측의 바위를 손으로 짚어가며 앞으로 나아간다.

"중세에 마을 어귀에 성과 탑을 세웠을 때, 일단 주위에 성벽을 쌓고 그 안쪽으로 집들을 일렬로 세워 짓고는 제2방벽으로 이 아래 지하도를 팠던 겁니다."

침입자나 도망자를 포위하기 위해 무기를 가진 감시병들이 이 지하도를 발소리를 죽여가며 달렸다. 훗날, 이탈리아 독립운동과 두 차례의 대전 때도 이 비밀 통로가 이용되었다고 한다.

'그래도……'

세르조 일행과 아주 짧은 시간에 마을을 한 바퀴 돌고 생각한다. 바늘 끝 같은 마을이 이중 삼중으로 바위를 쌓아 지킨 지리적 이점의 무게를 생각한다. 아무것도 없는 이 마을 사람들은 통치자에 대한 충성심과 힘을 연공 대신 헌납해왔다. 영주는 통행세나 관세로 윤택한 이익을 보는 동시에 '아무도 넘을 수 없다'고 하는 통치자의 위엄과 권력을 뽐냈던 것이다. 상당한 지혜가 없다면 예로부터 수많은 세력이 교착하는 이 땅을 통치한다는 건 불가능했을 것이다.

"영주가 호걸이었던 건 손에 넣은 재력과 권위를 문화에도 쏟았다는 점이죠."

마라스피나라는 일가다. 몬테레조 일대가 그 통치하에 있었던 것은 12세에서 13세기까지 거슬러 올라간다.

7

중세는
빛나는 시대였던가!

90세라는 나이와 온화한 인품 그리고 마을의 역사에 밝은 지식을 지닌 세르조는 문자 그대로 마을 어른이다. 그의 장남 자코모가 인구가 줄어들기 시작한 마을을 염려해 마을 대표를 모아 사이트를 만든 경위를 알 것 같았다. 그 아버지에 그 아들이다.

오늘 바르에 모인 마을 사람들은 70세에서 80세쯤 되었을까. 각자 고향에 대해 하고 싶은 말이 많을 텐데 조용히 이야기를 듣고 있다. 마을 행정처나 연맹, 조합 같은 다양한 조직에 대표자가 있어도, 몬테레조의 진짜 우두머리는 세르조일 것이다. 그 깡마른 노인에게는 고압적인 태도가 전혀 없는데도 주위를 진정시키는 힘이 있었다. 초면이었지만 나도 존경심이 들었다.

"어떻게 할까요. 마라스피나 이야기. 조금 긴데."

푸른 눈으로 웃으며 인자하게 묻는다.

그렇다. 이번에는 열차를 타고 왔다. 안내를 받고 있는 사이 산을 내려가 역까지 가야 할 시간이 되었다. 어디 머물면서 이야기를 더

들을까, 어쩔까 망설이고 있는데

"다시 오세요. 다음엔 우리 집 이야기도 천천히 들려드리리다."

그렇게 말하는 세르조 뒤에 조용히 서 있던 가게 주인 티치아노도 '그러는 게 좋겠다'는 듯 고개를 끄덕인다.

마라스피나, 라고 해도 실은 나는 아무것도 모른다.

중세의 이탈리아반도에, 도대체 얼마나 많은 귀족 영주가 있었던 걸까. 원래 중세는 암흑의 시대라는 막연한 인상만 가지고 있었을 뿐으로, 이탈리아라는 국가가 아직 존재하지 않았던 때의 반도나 유럽 대륙의 자세한 역사까지 찾아볼 생각은 한 적이 없다. 그럭저럭 개요만 알고 있는 정도로, 각지의 변천사까지 가면 전혀 아는 바가 없다.

세르조가 미소 지으며 이쪽을 바라보고 있다.

"오늘은 일단 첫 단추를 끼운 셈치고 다음을 위해 복습과 예습을 해오세요."

아아, 중세! 그리고 마라스피나 가문.

밀라노에 돌아와 도서관과 서점을 돌며 자료와 함께 틀어박혔다. 페이지를 넘긴다. 공상한다. 이런가, 저런가. 가설을 세워본다. 인명과 지명. 백과사전을 뒤진다. 책장 사이에서 중세 시대 각지의 군주들이 웅성웅성 몰려온다. 현기증이 난다.

마라스피나 가문의 기원은, 10세기 스위스 이남의 이탈리아반도 북부에서 아펜니노산맥을 넘어 리구리아해로 나와, 코르시카섬이나 사르데냐섬 일대를 통치하던 오베르텐기 가문까지 거슬러 올라

간다. 프랑크족이 그 혈연이다. 광대한 영토의 농작물뿐 아니라 주요 육로, 하천 및 바다의 수로, 하구와 항구를 장악하고, 그곳을 경유해 운반 및 판매되는 소금이나 오일, 와인, 해산물, 축산물, 목재, 석탄 등의 물품에 관세를 매기고 상인들에게는 통행세를 물어 막대한 이익과 권력을 거머쥐었다. 이후 여러 갈래로 퍼져나간 자손들에게 영토를 물려주면서 각지에서 귀족 영주로서 분할 통치를 하게 했다.

그 귀족 영주 가문의 하나가 마라스피나 가문이다.

선조인 오베르텡기 가문과 마찬가지로 마라스피나 가문도 대대로 자손들이 많이 태어났다. 10세기에서 11세기, 12세기로 가문의 변천사를 따라가다보면 같은 이름이 반복된다. 수많은 전쟁에서 특출난 능력으로 다방면에서 활약해, 이름을 떨친 마라스피나도 있다.

'그나저나 오래도 살았군.'

한 인물의 수많은 공적에 놀라워하며 그 나이를 가늠해보니 족히 백 살이 넘는다. 자료를 찾아보니, 한 사람의 공적이 아니라 동성 동명의 할아버지와 손자, 숙부와 조카처럼 여러 대에 걸린 쌓아올린 위업이었다. 1세, 2세. 피콜로piccolo(아이)와 그란데grande(어른). 호칭에 눈이 돌아갈 지경이 되어, 도무지 세대 간의 경계를 파악할 수가 없다. 게다가 각 세대의 아내의 친정까지 더해지면 세습되는 같은 이름은 그야말로 기하급수적으로 증가한다. 언제 태어나 언제 죽었고, 이 사람과 저 사람은 부부, 아니 모자간이던가?

메모가 공책 한 바닥에 다 들어가질 못한다.

세상에 무슨 애를 이리도 많이 낳은 건지……. 자코모, 마시밀리아노, 도와줘!

"아이가 많다는 건 '중세는 암흑의 시대'라서 밤도 길었기 때문이죠(웃음). 낳고 늘리고 하면서 영지와 재산과 권력을 확장한 거죠. 포기하지 말고 계속 공부하세요"라는 자코모의 메시지.

"마라스피나 가문은 대충 훑어보기만 하세요."

마시밀리아노에게서도 개요를 빼고는 대충 넘기라는 격려의 메시지만 왔을 뿐이다.

며칠 후, 연월일과 이름이 끝도 없이 나열된 자료를 앞에 두고 한숨을 쉬는데, 자코모로부터 메시지가 도착했다. 파일 3개가 첨부되어 있다. 열어보니 휴대전화 액정화면 가득 세밀화가 뜬다. 확대해보니 점으로 보였던 것은 인명이고, 선은 여기저기로 이어져 무수한 인명을 연결하고 있다. 그것은 자세히 보지 않으면 도저히 알 수 없는, 초대에서 귀족 영주 폐지 시기에 이르기까지의 마라스피나 가문의 족보 같았다.

책을 팔러 다녔다는 마을에 대해 알고 싶었을 뿐인데 눈앞에 펼쳐진 것은 중세의 이권과 혈연의 빽빽한 숲이었다.

▶오베르토 1세

　▶오베르토 2세

　　▶오베르토 오비초 1세

　　　▶알베르토 1세

　　　▶오비초 2세

▸알베르토(마라스피나 본가) 초대

　▸오비초

　　▸오비초네

　　　▸코라도 1세(마라스피나 '마른 가시'파) 초대

　　　　▸모렐로

　　　　　▸굴리엘모

　　　　　　▸오피치노(마라스피나 '꽃피는 가시'파) 초대

이 ▸ 표시는 각 세대의 선조로, 후계자만 발췌해 적었다. ▸ 표시 각각에는 요절하는 바람에 족보에서 사라져버린 선조나 기재되지 못한 형제자매도 존재한다. 이렇게 길게 뻗은 가지나 뿌리의 끝까지 영양은 골고루 미쳤을까.

이윽고 세력을 넓히기 시작한 영토 밖의 신흥 도시에 밀려, 마라스피나 가문은 북부의 평야지대에서 서서히 남하해 아펜니노산맥 권으로 영토를 축소하게 되었다.

13세기가 되자 마라스피나 가문은 '마른 가시'와 '꽃피는 가시'라는 두 파로 나뉘어, 이미 축소된 영토를 또다시 이등분해 통치하게 된다. 피가 진해질수록 애증은 깊어진다. 이권을 위해 수많은 정략결혼도 있었을 것이다.

자료의 지면이 어지러이 뒤엉키기 시작한다. 몬테레조 마을에 가까이 다가가려 했을 뿐인데, 가시덤불에 갇혀버린 느낌이다. 돌에다 밤, 이젠 가시덤불이란 말인가.

밀라노의 바르 카운터에 기대고 앉아, 앞으로 어떻게 취재를 진행해야 할지 궁리하면서 커피를 마시고 있는데, 이웃에 사는 대학생이 옆자리에 앉는다. 그녀는 문학부 2학년이다.

"아침부터 침울한 얼굴로, 무슨 일 있어요?"

중세 시대에 마라스피나라는 가문이 있었는데 말이지 미주알고주알…….

"아, 단테 말이군요."

그녀는 마치 가족 얘기를 하는 것처럼 가볍게 추임새를 넣었다.

응? 『신곡』을 쓴 그 단테?

중세. 토스카나. 마라스피나 가문. 단테.

몇 가지 조사를 해보니 몰랐던 역사의 주변과 흐름이 차츰 윤곽을 드러내며 하나의 선으로 이어졌다.

'어서 오세요. 중세의 검은 숲으로.'

몬테레조를 둘러싼 숲속 나무들이 환영 인사를 하며 소란스레 가지를 흔드는 소리가 들리는 것만 같다.

그렇구나, 거기가 본성이었구나…….

지난번 열차로 방문했을 때, 몬테레조에 인접한 낮은 산자락에 매의 둥지처럼 생긴 작은 마을이 보였던 것을 기억해냈다. 마을 초입에는 수로 위에 아치형으로 높게 돌을 쌓아 만든 수도교水道橋가 있었고, 그 너머로 산들이 이어져 있었다. 그곳에 분가한 '마른 가시파'의 마라스피나가 본거지를 두고 영토인 산봉우리들을 관리했다.

몬테레조는 마라스피나 가문의 직계에 분할 계승되었다.

그리고 본성을 둔 그 물라초 마을에서 단테를 맞이했다는 이야기다.

자료를 읽고 또 읽는다.

자, 이제 단테 알리기에리.

1265년, 피렌체 공화국의 소귀족 가문에서 태어난다. 가업은 금융업이었으나 단테는 일찍이 정계에서 두각을 나타냈고, 대사의 직책을 거쳐 최고 지위인 공화국 의회장에 취임한다.

당시 북부 이탈리아는 로마 교황파(겔프)와 신성로마 황제파(기벨린)로 나뉘어, 도시국가와 귀족들이 대립하고 있었다. 피렌체 공화국에서는 처음에 교황파가 우세했으나 내부 항쟁이 일어나면서 교황파는 흑파와 백파로 분열된다.

흑파는 피렌체를 교황이 직접 통치하길 바라는 사람들.

백파는 원래 교황파였지만, 피렌체의 국정은 교황의 간섭을 받지 않고 독립되어 자유로워야 한다고 주장하는 사람들.

백파는 차츰 피렌체 공화국이 지금껏 적대시해왔던 황제파의 이념에 가까워진다. 단테가 지지했던 것은 이 백파였다.

공화국의 의회장인 단테의 책무는 우호 관계를 유지하면서도 피렌체를 독립 국가로 존중하도록 로마 교황과 협상하는 것이었다.

"북으로부터 적의 침입이 끊이지 않는다. 병사를 보내 피렌체를 방어해줄 테니 그 대신 교황 밑으로 들어오라."

로마에 담판하러 온 단테에게 교황이 압박을 가했다. 그러나 단테는 물러서지 않았다. 동반했던 정부 고관들을 먼저 피렌체로 돌려보낸 뒤, 로마에 혼자 남아 교섭을 진행했다. 그러나 피렌체에서는 단테가 없는 틈을 타 그와 적대 관계였던 흑파가 내란을 일으켜 국정을 장악하고 만다. 패배한 백파는 차례로 배척당한다. 단테는 있지도 않은 뇌물 수수 혐의를 받고 기소되어 벌금형을 받는다.

단테: "누명이다!"

흑파: "벌금을 내지 않으면 죄인이다."

이렇게 단테는 죄인이 되어 피렌체에서 영구 추방당한다. 집도 불태워 없앤다. 1302년의 일이었다.

'혼자가 좋아, 자유롭고.'

분노와 좌절 속에서 단테는 혈혈단신, 북부 이탈리아를 향해 방랑의 길을 떠난다.

돈이 없다. 집이 없다. 친구가 없다.

그러나 지성이 있었다. 각지의 황제과 귀족 영주들의 초대에 지식과 교양으로 은혜를 갚으며 방랑 생활을 계속했다.

단테는 각지를 떠돌며, 이탈리아반도의 끊이지 않은 분쟁과 계급 격차에 분노한다.

'영토는 너무 넓은데 하나로 통일할 수 있는 지도자가 없기 때문이다. 독일 출신의 황제는 모국 주변의 통치만으로도 힘겨워, 이탈리아반도까지 신성 쓸 여력이 없다. 그렇다고 중부 이탈리아에 있는 교황이 황제를 대신해 그 영토를 통치하는 일이 생겨서는 안 된다.

교황은 종교인으로 신앙에만 전념해야 한다'고 생각한다. 방랑 생활에서의 견문을 기반으로 훗날 단테는 구어체로 쓴다는 것의 중요성과 함께 독자적인 정치론*을 정리했다.

찾아보니 물라초 마을에 '단테의 집'이라는 명소가 있었다. 이곳에 본거지를 둔 마라스피나 가문의 '마른 가시파'는 단테와 마찬가지로 백파였다. 명소는 이름처럼 가문에 초대된 단테가 살았던 집일까.

그렇게 아무것도 없는 외딴 마을에 바로 그 단테가 살았다니.

마라스피나 가문은 몬테레조도 통치하에 두고 있었다. 어쩌면 접점을 찾을 수 있을지도 모른다.

책 파는 도붓장수들의 마을과 단테.

책의 정령이 내려와 내게 손짓하는 것 같다.

흥분해서 이런 사실을 자코모에게 전화해 알린다.

"음, 물라초에 살았다는 얘기는 들었어요. 증거는 없지만."

신통치 않은 대답에 이야기는 더 이상 뻗어나가지 못했고 일단 전화를 끊었다.

몬테레조와 물라초. 각각 산봉우리와 산기슭에 위치하고 같은 영주가 다스렸다. 그러나 너무 가까우면 사이가 좋지 않은 경우가 많다.

• 『속어론 *De Vulgari Eloquentia*』(1304〜1307)과 『제정론 *De Monarchia*』(1310〜1313?).

"단테의 집은 방문 가능하대요. 그런데 단테는 몬테레조에도 왔었다고 전해 내려오거든요."

물라초만이 특별하지 않다고 말하고픈 어조로, 그래도 이튿날 자코모는 '단테의 집' 관장의 연락처를 알려주었다.

다시 밀라노 중앙역에서 완행열차를 탄다.

자코모에게서 받은 연락처로 전화를 걸었더니 관장이 '내일이라도 오세요'라고 하기에 첫차를 탔다. 환승역 승강장 역무원실에서 베르디에게 인사하고, 수확 중인 보리밭을 보며 마라스피나 가문의 전성기를 떠올리고, 열차가 산맥으로 들어서서는 단테의 고독한 여행의 잔영을 찾았다.

이제 친숙해진 폰트레몰리 역에서 내리자 초여름 햇살 아래, 중년의 남녀가 목을 길게 빼고 서 있다. 관장과 그의 부인이었다. 내가 인사를 겸하여 말했다.

"어떻게 불러야 할까요? 교수님? 아니면 박사님?"

"미루코라고 불러주세요. 전 일개 '단테 경애자'일 뿐이거든요."

관장은 옅은 회색의 여름용 울 양복에 하늘색 와이셔츠를 입고, 고상한 청색 넥타이를 단단히 매고 있다. 잘 다듬은 콧수염과 턱수염이 희끗희끗하다. 부인은 인사를 마치자 관장 옆으로 조용히 비껴섰다. 차를 타고 물라초 마을에 도착하자 "책 읽으면서 기다릴게요" 하더니 부인은 익숙한 발걸음으로 수도교 앞 바르로 들어갔다. 남편을 따라 수없이 갔을 터였다.

마을은 오르막길로 시작된다.

돌길에 발을 내딛기 전에 관장 미루코는 크게 심호흡을 했다. 그곳에 있지만 눈에는 보이지 않는 어떤 존재에게 '왔어요' 하고 인사를 하는 것 같았다.

"자, 단테 얘기를 할까요?"

마을에 들어서자 곧바로, 위로 이어진 길가 건물 벽에 월계수관을 쓴 단테가 석비가 되어 모셔져 있었다.

"안타깝게도 증거는 없지만, 마라스피나 가문이 단테를 위해 집을 마련했다면 틀림없이 이 집일 겁니다."

석비는 새것이었다. '단테의 집'은 고향 역사에 자부심을 지니고 단테를 존경하는 사람들이 강연이나 공부 모임을 하는 장소로 쓰이고 있다고 한다.

소박하지만 튼튼한 나무문을 밀자 높은 천장이 시야에 들어왔다. 대들보며 벽이며 정성껏 복원해놓았다. 희미한 콜타르 냄새. 천장의 부식을 막기 위해 발랐을 것이다. 열어놓은 창으로 산들이 보인다. 그 하나가 몬테레조다.

"앉으세요."

미루코는 가장 앞자리에 있는 의자를 권하더니 앞에 당당하게 섰다.

"이렇게 소영주가 다스리는 외딴 마을에 단테가 왜 온 거죠?"

내 어설프고 직설적인 질문에 불쾌한 기색도 없이, 오히려 기다렸다는 듯이 미루코는 이야기하기 시작했다. 다시 한번 크게 숨을 들이마신다. '자, 시작해보자.' 무대에서 독창을 하는 오페라 가수처럼 보였다.

"1306년에 단테가 이 산골짜기까지 찾아온 것은 마라스피나 가문 사람들을 만나기 위해서였어요."

일가는 교양, 특히 시詩의 후원자로 널리 알려져 있었다.

단테의 방문에서 200년쯤 거슬러 올라, 프로방스(현재 프랑스 동남부)에서 '음유시인troubadour'이라 불리는 서정 시인들이 생겨났다. 궁정이나 귀족 영주에게 초대되어 저택에 머물며 수많은 연애시를 만들고 노래했다. 하류 계급의 사내가 상류 계급의 여성과 이루어질 수 없는 사랑을 하는 내용의 시로 엄청난 인기를 누렸다.

음유시인들은 지금껏 라틴어로 된 시를 처음으로 프로방스어를 섞어 일반 대중의 감정을 그대로 구어체로 표현했다. 저속한 유행으로 끝나지 않았던 것은 궁정이나 귀족 사이에서 그들을 귀하게 여겼기 때문이다.

"마라스피나 일가가 문화를 확 끌어왔던 거죠. 이 산골짜기에도."

북부 이탈리아에서 음유시인들의 인기가 상승한 것은 궁정이 모여 있었고 '궁정의 여성'이 많았기 때문. 즉, 시의 소재가 많았기 때문이다.

대유행한 덕에 궁정의 시나 노래에서 쓰는 말들이 통일되었다.

한편 같은 시기에 남부 이탈리아를 지배하고 있던 신성로마제국 황제 프리드리히 2세는 새롭게 공통어를 만들려 하고 있었다.

'교황은 그리스도교 포교를 위해 라틴어를 쓴다. 그렇다면 자신도 황제로서의 뜻을 알리기 위해 독자적인 언어를 가져야 하지 않을까. 그 언어로 된 문학과 교양도 필요하다'고 확신한다.

프리드리히 2세는 곧바로 통치하고 있던 시칠리아 왕국의 신하들을 모아 '이탈리아어'를 창조하려는 시도를 하게 된다. 이탈리아어의 '탄생'이라고도 할 만한 순간이었다. 자신이 창조한 언어로 뿔뿔이 흩어져 있는 영토를 통일하려는 계책이었다.

'시라는 건 이렇게 쓰는 것이다.'

황제 프리드리히 2세는 음유시인의 시를 참고로 시의 형식까지 만들었다. 신하들은 필사적으로 시 창작 연습을 했고 전 유럽에 시를 창작해 퍼트리며 다니는 임무를 수행했다. 이렇게 해서 13세기 초에 탄생한 소네트(10개의 음절로 구성되는 시행 14개가 일정한 운율로 이

어지는 14행시—옮긴이)는 지금까지 전해지고 있다.

　마라스피나 가문은 음유시인을 환대하고 구어체의 중요성을 알린 후원자다. 단테가 가문을 찾은 것은 부유층에 한정된 구태의연한 학문과 정치, 문화, 종교에서 벗어나 세상 모든 사람이 알아들을 수 있는 말로 자신의 이야기를 전할 실마리를 찾고 싶었던 게 아닐까.

　말은 도구다. 좋은 도구란 만인이 쓸 수 있어야 한다. 또한 품격이 있고, 깊이가 있고, 보편적이어야······.

　그는 나락으로 떨어진 후 처음으로 그것을 깨달았다. 나락에서 하늘을 올려다본다. 음유시인이 궁정 여성을 찬미하며 노래했듯이, 단테는 『신곡』으로 숭고한 여성을 찬미했다. 아름다운 언어로 이 세상의 평등과 자애를 엮어 보였다.

두어 시간 남짓, 미루코는 막힘없이 이야기를 이어나갔다. 내가 알아듣든 말든 전혀 상관없나보다. 수도꼭지에서 물이 쏟아지듯이, 무언가에 홀린 사람처럼.

"관장님은 어떤 계기로 단테에게 흥미를 갖게 된 거죠?"

"대학에서 연구를 한 건 아니에요. 기술 쪽 전문대학을 나와서 지금은 은행에서 일하고 있어요. 단테를 만난 건 아주 어렸을 때죠. 이 근방에 사는 할머니 댁에 삽화가 들어 있는 어린이용 『신곡』이 있었어요."

여름방학 때마다 할머니는 『신곡』을 조금씩 읽어주셨다. 어린 미루코는 단테의 세계관에 흠뻑 빠져버린다.

험준한 산마을에 살던 할머니의 마음은 어땠을까.

손자에게 남겨주고 싶었던 것은 땅도 보석도 아니었다. 이 땅에 깊이 새겨진, 언어의 힘이었다.

물라초 마을 정상에 오른다.

마라스피나 가문의 성이 있던 자리 앞에 단테의 동상이 서 있다. 산 저편으로 해가 지려 한다. 훤칠하게 서 있는 하얀 동상은, 산을 넘는 바람에 마모되어 있다. 그 발밑에 적힌 비문을 읽으니 이곳에서 산을 넘어간 언어들이 메아리가 되어 들려올 것만 같았다.

벗에게 이별을 고한 날 저녁놀이 지자
뱃사람에게 향수가 드리우니
마음은 그리움에 무너진다

멀리서 지는 해를 아쉬워하는 종소리가 들리면

타향을 떠도는 순례자는

못다 한 사랑에 가슴 아프다

Era già l'ora che volge il disio

ai navicanti e'ntenerisce il core

lo dì c'han detto ai dolci amici addio,

e che lo novo peregrin d'amore

punge, se ode squilla di lontano

che paia il giorno pianger che si more

—『신곡: 연옥편』 중

8

　책, 책, 책

이라는 산에 둘러싸이고 말았다. 서가에는 더 이상 책을 꽂을 틈이 없고, 테이블 위에도 자리가 없다. 의자 위에 두려고 했더니 이미 복사본들이 점거하고 있다. 어디를 둘러봐도 종이 산은, 산마을 몬테레조에 관한 자료다. 구석에서 글을 작성하고, 인터넷으로 검색하고, 산그늘에서 전화를 걸고, 계곡에서 메모를 한다. 커피도 몬테레조의 호위를 받아가며 마신다. 파스타에 뿌려진 토마토소스가 빌려온 책에 튀면 큰일이니 요즘엔 식사도 파니니 같은 마른 음식만 먹는다.

　일단 테마별로 정리했다.

　식탁에는 몬테레조 주변의 『향토 요리 레시피』나 『소금 무역의 역사』 등. 책과 책 사이에는 마을에서 선물 받은 밤가루로 만든 건빵, 말린 버섯, 지역 와인이 두세 병.

　마을 사람들이 책을 팔러 유랑한 도시들의 역사, 북부 이탈리아 장원농업의 역사, 영화 「애정의 쌀Riso Amaro」의 원작이 된 『양가의 작법』. 풍자만화집도 있다. 예전에 유행했던 연애소설의 헌책이나 잡지 다발. 누렇게 변한 상품 전단지. 생활 관습이나 토지에 관한 자료는 거실에 모아두었다.

업무용 책상에는 고대에서 현대까지의 이탈리아반도 역사 관련 책들을 쌓아두었다. '고대' 코너에는 에트루리아인도 있고, 리구리아족도 있다. 기원전의 유적 사진과 『석조건축』. 옛 지도의 복사본 끄트머리에는 '바티칸 미술관 소장'이라 적혀 있다. 고대 로마, 신성로마제국, 이슬람, 교황 관련 책들. 라틴어 자료와 이탈리아어로 된 번역본, 순례길, 십자군, 『시칠리아 두 왕국의 역사』, 마라스피나 가문 연구서, 『신곡』 지옥편·연옥편·천국편 등 두꺼운 세 권, 『산악 지방의 역병에 대한 역사』, 나폴레옹에서 오스트리아까지, 『이탈리아 독립운동과 사상』, 주세페 베르디의 CD.

잠깐 쉬어야겠다. 바닥에 눕자 머리맡에 쌓아두었던 도붓장수들의 발주서와 가족사진 복사 다발이 눈에 들어온다. 공문서로 보관될 수 없었던 무명의 사람들이 남긴 사적인 기록이었으나 하나같이 둘도 없는 귀중한 자료다. 오랜 세월 마을 사람들이 보관해온 것들이다. 보잘것없는 영수서와 매상전표 사이에서 과거로 뻗은 뿌리를 더듬어, 대대로 책을 팔며 유랑한 이름 없는 도붓장수들의 이야기를 찾아내 소개해야만…….

종이 산은 눈앞에 있으나 길이 보이지 않는다. 높고도 험한 산맥이다.

중세 역사책을 읽다가 까무룩 잠이 들려는 찰나 귓가에 휴대전화 알람 소리가 들려왔다.

"몬테레조 취재는 어떻게 되어가나요? 책더미 속에서 길을 잃은 건 아니겠죠? 한숨 돌릴 겸 베네치아로 오세요. 보여드릴 게 있어요."

고서점 주인 알베르토로부터 온 메시지였다.

책에 파묻혀 허우적대는 나를 알베르토가 구해주었다.

『알도 마누치오 신화가 탄생하기까지』(알도 마누치오는 15세기 르네상스 시대 베네치아에서 활약한 출판인으로 상업 인쇄의 아버지로 불린다―옮긴이)

내가 서점에 들어가자마자 알베르토는 두꺼운 책을 내밀었다.

"선조들에 대해 조사해주셔서 감사합니다. 마을 사람들이 유랑하며 책을 팔았던 것은 이 사람 덕분이죠."

또 책이다.

요즘은 서점이나 도서관에 가면 간단히 책을 볼 수 있다. 다방면에 걸친 내용과 국내외의 유명하거나 유명하지 않은 다양한 저자들. 다종다양한 장정에 종이, 잉크, 서체, 삽화와 사진, 도표가 들어가 있기도 한 책은 저마다의 얼굴을 가지고 있다.

그러나 요즘같이 손에 들기 편한 형태와 자유로운 내용의 책이 탄생한 것은 불과 500년 전의 일이다. 인류와 그 지혜가 전승되어온 시간을 생각하면 그리 긴 역사는 아니다.

손에 들고 책의 역사를 훑어보니…….

원시 문자에서 문자가 태어나 체계화된 것은 5000년 전 고대 이

집트로 알려져 있다. 문자는 나무껍질 위에 쓰이기 시작해 파피루스를 거쳐 양피지로 그 매체를 옮겨왔다. 파피루스나 양피지에 기록된 것을 현재의 책 형태에 가깝게 묶어서 엮은 걸 코덱스라고 한다. 고대 로마 시대에 이미 만들어지기 시작했나보다.

이집트가 이권을 목적으로 파피루스 수출을 금지하자 유럽에서는 하는 수 없이 양피지를 사용했으나, 양피지는 무겁고 비쌌기 때문에 기록된 내용은 중요한 외교 문서에 한정되었다.

13세기에 와서 이탈리아에 양질의 제지 공장이 생겼다. 유럽에 종이가 공급되기 시작하면서 책도 점점 그 수가 늘어났다. 책이라고는 해도 기록된 순서대로 파피루스나 양피지, 종이로 변모했지만 모두 손으로 직접 쓴 것이라는 점에는 변함이 없었다. 필사본이다.

아무나 필사해 책을 만들 수 있었던 것은 아니다. 필경사라는 전문가가 있어 필사를 의뢰했다. 전문가라고는 해도 사람이다. 원전이같아도 잘못 기재하거나 빠트릴 수도 있었는데, 아예 한 페이지가 통째로 누락된 경우도 빈번했다. 현대의 교정 실수와 같은 일이다.

그리고 15세기에 구텐베르크가 등장한다.

"활판인쇄가 시작되었고 책이 널리 퍼졌겠죠?"

"네. 그렇긴 하지만……. 판형이 크고 무거운 데다 서체는 고딕으로, 어렵고 과장된 서체였죠. 들 수 없으니 책상에 두고 조심조심 페이지를 넘겨야 하는 책이었어요."

알베르토가 서가에서 구텐베르크 관련 도록을 꺼내서 보여준다.

독일인 요하네스 구텐베르크가 처음 활판인쇄를 한 것은 1439

멘텔린Johannes Mentelin이 쓴 최초의 독일어 『성경』(*Die Mentelin-Bibel*, 1446). 바이에른 주린도서관 소장본.

년경이라 전해지고 있다. 활판인쇄는 눈 깜짝할 사이에 유럽 각지로 퍼져나갔다. 당시 무역을 통해 번영기의 정점에 있었던 베네치아 공화국에는 이국으로부터 미지의 상품이나 정보가 쉴 틈 없이 상륙했다. 사는 사람, 파는 사람, 생각하는 사람이 각지에서 모여드는 가운데, 투자가들도 새로운 상업적 기회를 호시탐탐 노리고 있었다.

지식은 재산이다. 지식을 손에 넣어 정리해서 퍼트린다. 그것은 미래를 위한 확실한 투자다. 지금껏 손으로 필사를 하거나, 목판으로 인쇄할 수밖에 없었던 지식이 활판인쇄 덕분에 신속하게 아주 많은 양을 재생산할 수 있게 된 것이다.

'이제부터 비즈니스는 출판이다!'

지금 우리가 노트북 등의 디바이스를 들고 다니듯, 각각의 활판인쇄기를 이고 출판인과 인쇄공들이 책의 소재가 될 만한 정보의 거점인 베네치아에 몰려들기 시작했다. 순식간에 베네치아는 유럽 출판의 중심이 되었다. 15세기에 약 500만 권의 책이 만들어졌다고 전해지는데 활판인쇄가 도입된 16세기에는 이것이 한꺼번에 2억 권까지 증가했다고 한다.

서점 주인 알베르토가 '책의 은인'이라고 말하는 알도 마누치오는 로마 근교 출신의 이탈리아인이다. 라틴어와 고전 그리스어에 정통했고 교황청과도 접점이 있었던 지식인이었다.

'문학과 예술에 대한 책을 펴내고 싶다'고 생각한 그는 세상의 중심, 베네치아로 간다. 출판인으로서 활동을 개시하지만 당시 책으로 만들어졌던 것은 온통 그리스도교 관련 교양서나 의학서, 법학서인데다 거의 전부가 라틴어였다. 구텐베르크가 대대적으로 알려진 계기가 된 것도 역시 유럽에서 처음으로 성서를 활판으로 찍어냈기 때문이다(『구텐베르크 성서』 구약·신약성서 라틴어판, 1455).

이런 책들은 크고 두껍고 무겁다. 화려한 장식에 가격도 비싸 한정된 사람들만을 위한 내용을 담고 있었다. 이러한 구텐베르크 인쇄의 특징과 정반대인 책을 알도 마누치오가 만든 것이다. 즉 작고, 얇고, 가볍고 간소한 장정에 가격을 낮추고, 당시의 인기 있는 서체를 조사한 뒤 유명 필경사를 고용해, 아름다운 오리지널 서체를 만들어냈다. 이는 출판사 브랜드의 시작이었으며 저작권도 이때부터 탄생한다.

경쟁자의 추종과 모방을 불허하는 오리지널 서체를 가미한 이탤릭체를 고안해 한 줄에 들어가는 글자 수를 늘리는 데에도 성공했다. 휴대하기에 간편할뿐더러 대형본에 뒤지지 않는 윤택한 내용을 담을 수 있도록 한 것이다.

1501년 베네치아의 마누치오 인쇄소가 언컷에지(인쇄된 종이를 책의 형태로 접을 때 접힌 부분을 다듬지 않고 거칠게 마감한 책—옮긴이) 코덱스를 간행한다. 세계 최초의 문고본이 탄생한 순간이었다. 그때까지 책은 상당히 비싼 비용으로 의뢰를 받아 인쇄하는 형식이었다. 현대의 주문생산형 출판과 같은 것이다. 고가의 책들은 인쇄 부수도 적었고 의뢰인인 일부 부유층이나 전문가들이 사설 도서관에서 경건하게 읽는 책이었다. 그것이 마누치오가 고안한 문고본 덕분에 어디서든 휴대가 간편해졌고, 걸으면서 읽을 수 있는 책이 되었다.

언제 어디서나 책을 읽을 수 있다.

극적인 출판 혁명이었다. 이를 계기로 젊은이나 여성도 책을 가까이하게 되었다.

나아가 마누치오는 출판사의 의욕적인 기획으로 시집을 펴내기 시작했다. 책이 문학을 실어 나르고 문학이 독자를 넓은 세상으로 인도했다.

지금 자신이 이렇게 서점을 할 수 있는 것도 베네치아 출판인 알도 마누치오 덕분이라며 알베르토는 내게 그 책을 선물로 주었다.

책장을 넘기자 닻을 힘차게 감고 있는 돌고래가 그려져 있다.

'천천히 서둘러라.'

알도 마누치오의 책을 만드는 신념을 상징하는 서표다.

멀리 몬테레조에서 음유시인이, 프리드리히 2세가, 단테가, 마라 스피나가 '드디어 책의 입구까지 왔군요' 하면서 성원을 보내고 있는 것만 같은.

"활판인쇄라고 하면 15세기에 몬테레조 동북쪽에 있는 산마을에서 인쇄소를 하던 사람이 있었다고 해요."

내가 구텐베르크와 알도 마누치오에 대해 이야기하자 전화 저편에서 자코모가 알려준다.

가봐야겠다. 반드시.

물론, 산이다.

그 마을은 피비차노라고 한다. 검색해도 무척 간단한 정보밖에 안 나온다.

중세 이후 불과 수년 전까지 반복된 대지진으로 그때마다 엄청난 피해를 입었다. 호우로 인한 산사태도 있었다. 열차도 다니지 않는다. 불운과 시대의 변천으로 현대적인 발전을 이루지 못한 것처럼 보인다.

마을 홈페이지에 '인쇄박물관'이라는 명소 안내가 게재되어 있다. 여러 번 전화를 걸어서 겨우 연결된 마을 행정 사무소는 '책임자 부재'라는 말만 되풀이했다.

유랑책방을 주제로 한 역사나 배경을 조사하고 있다는 것, 그 마을에는 구텐베르크의 생애와 동시대인 15세기에 이미 인쇄소가 있었다고 들었다는 것, 인쇄박물관을 견학할 수 있겠느냐 등등 나는 필사적으로 설명했다.

"문의해주셔서 감사합니다. 인쇄박물관은 마을 독지가가 개인 재산을 털어 역사적인 자료를 수집해 개관했지만……."

전화 저편에서 남자 행정 직원이 말을 잇지 못했다.

되풀이되는 재해와 인구 유출과 감소로 마을은 지금 몹시 곤란한 상황이다. 박물관을 세운 독지가도 타계했다.

"임시 휴관이라고 홈페이지에서 안내하고 있긴 한데, 안타깝게도 재개관을 하려면 시간이 좀더 걸릴 것 같아요……."

방문할 수 없게 되자 더 궁금해졌다.

단테가 지내던 산과도 가깝다. 초고가 그 마을에서 인쇄돼 아무

도 모르게 잠들어 있을지도 모른다는 공상을 하며 조바심을 낸다.

피렌체에 가까운 두메산골 피비차노 마을은 북이탈리아로 가는 길과 바다를 잇는 길 도중에 있기 때문에 다양한 정보가 모여 경제를 움직이고 있었다. 안다는 것은 재산이다. 지식을 인쇄해서 부자가 되려던 사람이 15세기에 이 산중에 있었다 해도 이상할 게 없다.

일단 자코모에게 연락을 한다.

15세기의 출판은 오로지 베네치아가 중심이었다고 생각했다. 그런데 몬테레조 바로 인근에도 인쇄소가 있었다니 놀랍지 않은가. 유랑책방이 태어난 이유를 알기 위해, 책에 관련된 이야기가 있다면 사소한 것이라도 알고 싶다. 하나하나 작고 관련이 없는 것처럼 보이지만, 조각을 맞추다보면 점과 선이 이어져 차츰 형태가 드러나지 않을까. 인쇄박물관의 견학이 힘들다면 최소한 건물 외관이라도 보고 올 작정이다.

그렇게 말하자 자코모는 "하루만 기다려줘요"라고 말할 뿐, 여느 때처럼 툭하고 전화는 끊어졌다.

전날 밤부터 내린 큰비로 날이 차다. 전화 통화 이후 자코모는 그날 바로 인쇄박물관을 세운 독지가 일가와의 접점을 찾아내 알려주었다. 곧바로 전화를 걸었더니 '꼭 견학 오세요' 하고 흔쾌히 수락해주었다. 일가는 고령이라서 간병인을 동반하고 안내해준다고 한다.

소문난 잔치에 먹을 게 없으면 어쩌나.

책상에 가득 쌓인 종이 산이 나를 바라보고 있다.

날아가라 내 마음이여, 금빛 날개를 타고.

피비차노는 생각보다 큰 마을이었다. 완만한 경사에 다양한 표정을 지닌 마을이다. 석조건축물과 돌길에는 중세로부터의 시간이 차곡차곡 쌓여 있다. 바르와 가게도 여기저기 있다. 주택은 잘 관리되어 있었고, 마을 외곽에는 막 갈아놓은 듯한 밭이 보인다. 비가 내려 지나는 사람은 드물었으나 80여 개의 작은 마을을 합쳐 주민은 8000명 가까이 된다.

약속 장소에 나타난 이는 영국식 트렌치코트에 방수 모자를 쓴 50세 전후의 여성이었다. 라냐예요, 하고 심한 독일 억양인 R음을 섞어 자기소개를 했다. 당연히 지역 주민이 나올 줄 알았기 때문에 당황했다.

무슨 인연으로 독일에서 이 산골짜기까지? 신기해하는 내게 그녀는 "그렇게 말하는 당신도 왜 일본에서 여기까지? 피장파장" 하며 웃었다.

결혼 후 이탈리아로 이주한 지 20년 가까이 된다고 한다. 아이도 다 키웠고 여유가 생겼다. 젊었을 적 전람회나 음악회 같은 문화 사업을 기획·운영한 경험이 있었다.

"각지에 대해 좀더 자세히 알고 싶어서 '이탈리아 요리학회'에 들어갔어요."

지역의 특성을 식문화를 통해 국내외에 알리는 활동을 한다. 전

국의 노포 식당이나 향토사 연구가, 농업, 어업, 목축업 관계자들을 찾아가다보니 지인이 늘었다. 젊은 시절의 경험이 도움이 되어 지역의 문화 진흥사업을 돕게 되었다. 식문화의 전통을 조사하는 일은, 그 토지의 흥망성쇠의 역사를 배우는 것이기도 했다. 특별 요리와 일상 요리, 관혼상제는 인간관계의 축소판일 것이다.

신기한 힘에 이끌려 찾아온 사람이 여기 또 한 사람 있다.

라냐와 이야기를 나누며 언덕을 향해 걸었다. 인쇄박물관은 전망이 좋은 곳에 있었다. 모습은 달라도 이것 역시 감시탑임에는 변함없다. 화려하고 아름다운 장식은 없었지만 장엄하고 진중한 인상이다. 사저라기보다는 재판소 같거나 학교 같기도 하고 혹은 군대 주둔지 같은 분위기가 있다. 원래는 판토니 보노니 궁전이었다.

"17세기에 귀족 판토니 가문의 사저로 지어진 건물이에요."

판토니는 재능 있는 문학자로도 유명했다고 한다. 지역의 미학과 교양을 상징하는 인물이었을 것이다. 이 저택에서는 문학인들을 초대해 함께 고전을 읽거나 시를 썼다고 한다.

"어서 오세요."

막 박물관 안으로 들어서려는데 뒤에서 인사하는 소리가 들렸다.

"보노니입니다."

지팡이에 몸을 의지한 흰 파나마모자에 가볍게 손을 얹은 노관장이 서 있었다. 말쑥하게 단장을 하고 나오셨을 것이다. 콧수염이 멋지게 다듬어져 있었는데, 커다란 눈을 감싼 눈썹과 똑같은 은빛이다. 진홍색 안경테가 노인의 눈빛을 젊어 보이게 했다. 옅은 회색

정장에 같은 계열의 조끼를 받쳐 입어 붉은 줄무늬 넥타이가 돋보인다.

이 저택에서 시를 읊던 그 옛날의 판토니를 생각하고 있었기 때문에, 시대를 초월해 그가 눈앞에 나타난 줄 알고 나도 모르게 외마디 소리를 지르고 말았다.

노관장은 웃으며 "어서 오세요. '책과 운명'의 박물관에!"라며 또다시 정식으로 인사를 했다.

응? 책과 운명, 이라고요?

"박물관을 연 돌아가신 형과 저의 인생 테마죠."

관장은 실낱같은 목소리로 폐허가 된 판토니 저택을 20여 년에 걸쳐 겨우겨우 복원한 것과, 그곳에 마을의 명예로운 역사를 정리하고 보존해 세상에 알리고자 결심한 것 등등을 또박또박 설명하기 시작했다.

"피비차노는 책과 그것을 둘러싼 운명을 지켜온 마을이었죠."

자코모와 마시밀리아노, 세르조나 미루코와 마찬가지다. 책에 인생을 건 사람이 이곳에 또 한 명이 있는 건가.

1476년, 마을에서 베네치아로 이주한 젊은이가 있었다. 야코포라는 사람이다. 구텐베르크 이후 활판인쇄의 호황에 들끓던 베네치아에서 책 만드는 일을 배우기 위해서였다. 인쇄와 출판의 노하우를 익힌 야코포는 주조 활자에서 인쇄기까지 독자적인 기술을 개발했다. 이탈리아제 활판인쇄기 제1호가 아닐까 추정된다.

야코포는 고향으로 돌아와 투자가들로부터 지원을 받아 인쇄소를 창업했다. 당시 잘 팔리던 철학과 법학 분야 책을 라틴어로 출판했으나 매출이 저조했다. 1년 만에 폐업한 그는 베네치아로 돌아가 한동안 일을 한 후 1477년 피비차노로 돌아와 인쇄·출판업에 재도전했다. 그러나 또다시 부진에 빠진다.

"무척 진취적인 젊은이였을 겁니다. 아무리 최신 기기로 인쇄가 가능하다 해도, 기획 타깃이 벗어나 있었을지도 모르고 산속에서는 적당한 독자를 찾을 수 없었을지도 모르죠. 인쇄나 조판 숙련공도 필요했을 테고, 인쇄 안료랑 종이도 비쌌을 테니까요."

장비와 내용과 가성비. 15세기나 지금이나 책을 만드는 고생은 매한가지 아닌가.

어두침침한 관내를 관장과 나란히 걷는다. 위층 안쪽 방에 도착하자 그는 겨우 서 있을 정도의 기력으로 북측 청동문을 열었다.

창에 가득 담긴 산. 비에 젖은 바람이 푸른 숲의 향기를 담고 불어온다.

"돌아가신 형은 의사이자 문학인이기도 했어요. 진심으로 야코포를 존경했죠. 그래서 2만 권이 넘는 고서를 모았어요. '책과 운명'이라는 테마로 박물관에 남기려고 반평생을 바쳤어요."

이 산골짜기에서 이탈리아제 활판인쇄기가 사용됐다는 걸 아는 사람이 얼마나 될까. 축적되는 시간 사이에 이름조차 모르는 사람들의 기억이 켜켜이 스며들어 잠긴다.

상자에 보관된 주조 활자는 이제 더 이상 엮어줄 사람이 없다.

500여 년 전, 이 많은 활자판에서 어떤 책이 인쇄된 것일까. 엮이지 못하고 버림받은 언어가 구원을 기다리고 있다.

옆방에는 상당히 낡은 타자기에서 현대식 워드프로세서까지, 유리 케이스 안에 나란히 진열되어 있다.

"1802년 당시 이 저택에 살았던 판토니 가문의 후손인·아고스티노가 타자기를 만들었어요. 대대로 문학적 재능이 뛰어난 집안이었죠. 아고스티노도 그 여동생도 책을 몹시 좋아했어요. 그런데 여동생이 병으로 실명을 하게 돼요. 오빠 아고스티노는 여동생이 글을 쓸 수 있도록 이 저택에서 타자기를 고안해낸 거죠. 세계 최초의 타이프라이터라고들 합니다."

자판을 두드리는 소리가 멀리서 울려 퍼진다.

종이에 기록되지 못했던 언어, 뿔뿔이 흩어진 인쇄 페이지, 한 권의 책으로 엮이지 못했던 종이 다발, 서가에 꽂혀 잠들어버린 고서……

'천천히 서두르게.'

몬테레조로 가자.

여름이
없었던 해

차에서 내리니 수풀에 파묻힌다. 여름도 중반이다.

몬테레조.

몇 번 방문했을 뿐인데 그리운 곳에 돌아온 것만 같은 기분에 휩싸인다.

'책을 팔러 다니게 된 건 풍요로운 숲을 자원으로 한 제지 공장이 있었기 때문이 아닐까. 아니 어쩌면 저명한 출판사가 있었을지도 모른다. 혹시 교육에 관심이 많은 독서광이 사는 곳이었을지도.'

산골 마을과 책이 연결된 경위는 간단히 알 수 있을 거라고 생각했지만 막상 현지에 가보니 그곳엔 돌과 밤나무와 가파른 오르막길뿐이었다. 노포 출판사는커녕 서점이나 가판대, 학교도 없었다. 하긴 사람도 없었다.

현재 몬테레조의 인구는 32명이다. 남자 14명, 여자 18명. 그중 4명이 90대 노인이며 취학 아동도 6명이 있었지만 마을에 유치원이나 초등·중학교는 없다.

식료품이나 일용 잡화를 파는 가게도 없다. 약국과 진료소도 없다. 은행도 없다. 우체국은 30년쯤 전에 문을 닫고 말았다. 철도도 없고 버스도 없다.

마을은 늙고, 쇠락했다.

'이런 마을에서 어떻게 책이 나올 수 있었을까?'

찾아올 때마다 열차 시간에 쫓겨 마을 사람들과의 이야기를 중간에 끊어야만 했다. 세상살이에 대한 자질구레한 이야기였을지 몰라도 돌아서기 아쉬웠다. 마을은 작아서 10분만 있으면 다 돌아볼 수 있다. 그러나 알고 싶은 것은 경관이나 역사 개요가 아니었다.

바르의 안쪽에서 홀로 신문을 읽고 있던 중년 남자. 가끔 얼굴을 들어 상냥하게 때로는 애절한 눈빛으로 이쪽을 바라보곤 했다.

길가에 내놓은 의자에 앉아 있던 노인. 낡은 모자와 옷 속으로 마른 몸이 허우적거린다. 가랑이 사이로 짚고 있는 지팡이에 상반신을 기울이고, 미동도 않은 채 허공을 응시하고 있었다. 이정표 같았다. 앞을 지나며 살며시 목례를 하면 아, 하고 웃음이 번진 입을 열어 뭔가 말하는 듯 보였다.

구슬발을 쳐놓은 현관 앞에 앉아 있던 노파. 안녕하세요. 노파는 떨리는 손을 귀에 가져다 대며 다시 묻는 표정이 된다. 딸일까 며느리일까, 집에서 나온 중년 여성이 "안에서 차라도 한잔 하는 게 어때요?" 하고 싹싹하게 권한다.

한 사람 한 사람의 그림자가 가늘고 길게 늘어나. 산과 조용히

하나가 된다.

"봄이 지나면 타지로 이주한 사람들이 삼삼오오 마을로 돌아와요. 8월 중순에는 아이를 데리고 오는 가족도 있어서 인구가 200명이 넘게 되죠."

마을 축제 기간에 맞춰 오는 귀성객이라고 자코모가 말했다.

"아니, 다 모이니까 축제를 하는 거죠."

마시밀리아노는 무척 들뜬 듯이, 그러니까 여름에 꼭 오세요 한다.

축제에는 마을 명산품 시장이 들어선다. 마을의 자랑은 책이다. 각지에 흩어져 살던 마을 사람들이 책의 부름을 받고 돌아온다. 여름 축제, 고서적 시장이 열리면 모두와 만날 수 있다. 유랑책방의 후예들.

그러한 까닭으로 오늘, 여름의 몬테레조에 왔다. 울창하게 우거진 수풀로 길은 푸르게 물들어 있다. 마을로 이어진 오르막길 식당으로 들어간다. 이미 마을로 돌아와 있던 자코모 일행과 그곳에서 만나기로 했기 때문이다.

타일이 깔린 현관 홀은 넓어서 서너 개의 테이블을 둘러싸고 먼저 온 손님들이 담소를 나누고 있다. 이제 막 도착한 것일까. 각자의 발치에는 여행 가방과 배낭이 놓여 있다. 손님끼리는 서로 아는 사이인 듯 보였는데 테이블 너머로 근황을 묻는 말소리가 들린다. 남녀노소가 어우러져 있고, 이탈리아어의 리듬과 억양이 서로 미묘하게 달라서인지 다양한 악기를 연주하는 것만 같다.

안으로 들어갔다가 깜짝 놀랐다. 어림잡아 100명은 족히 들어갈 수 있는 규모다. 식당이라기보다는 연회장이다. 하지만 식탁보가 깔린 것은 창가 테이블뿐으로 남은 수십 개의 테이블은 나무 표면을 그대로 드러내고 있었다. 소금과 후추, 올리브오일이 담긴 병, 탁상용 조화 다발, 타다 남은 초가 테이블마다 놓여 있다. 아마 오랫동안 사용하지 않았으리라.

32명의 일상에 언제 이 넓은 식당이 필요할까.

창가에 앉아 멍하니 생각에 잠겨 있는데, 여중생으로 보이는 서너 명이 들어와서는 내게 주섬주섬 작은 접시를 내밀었다. 막 구운 듯한 쿠키가 담겨 있다. 한눈에 수제 쿠키임을 알 수 있는 소박한 모양으로 향긋한 단내가 풍겨왔다.

"고서적 시장에 어서 오세요."

소녀 둘은 자코모와 마시밀리아노의 딸이라고 자신들을 소개했다. 그러자 등 뒤에서 "남동생이에요." "저는 마을에 살아요." "저는 토리노에서 왔어요." "저는 이 아이의 언니예요." "저는 사촌……"

바글바글 모여든 초등학생과 소녀들에게 이끌려 식당을 나오자 길을 사이에 두고 건너편에서 "여기요!" 하는 목소리가 들렸다. 자코모가 아버지 세르조와 베란다에서 나란히 손을 흔들고 있다.

마을로 들어간다. 광장에서 길을 따라 고서적 노점상이 줄지어 있다. 책을 쌓아 만든 산을 앞에 두고 아이들이 웃고 울고, 개가 뛰어다닌다. 가게 주인과 손님이 나누는 잡담. 책장을 넘기는 소리.

말라 비틀어져 굳어 있던 마을 구석구석까지 따뜻한 피가 흐르며 마을이 숨 쉬기 시작했다.

노점상을 하나하나 둘러본 뒤 마을의 외곽 길을 따라 자코모의 집에 도착했다. 활짝 웃는 얼굴의 세르조가 나를 맞아주었다.

"어때요? 마을에서 가장 멋진 풍경이 보이죠. 내일 아침 당신이 창을 열어 보게 될 풍경을 나도 함께 여기서 즐길게요."

아래 식당 저편으로 산이 겹겹이 늘어서 있다.

"지금 올라온 길로 가다가 저기 샛길로 들어가요. 그게 옆 마을 폰트레몰리로 가는 지름길이에요. 마을에서 유랑책방을 떠나는 사내들이 지나는 길이었죠."

세르조는 식당 옆을 손가락으로 가리켰다. 키 작은 나무와 잡초만 무성할 뿐 길 같은 건 보이지 않는다. 덤불을 헤치고 빠져나가야 하는 길이었다. 만약 산기슭을 따라 난 큰길로 가려면 멀리 돌아야 했을 것이다.

"제 성이 마우치인데 몬테레조에는 같은 성을 가진 집이 몇 가구 있었어요. 책을 팔러 다닌 마우치 씨도 있었지만, 우리 집은 책과는 관련이 없었죠."

지금 90세인 세르조로부터 3대 전의 마우치 일가에는 1900년대에 처음으로 사업에 성공한 여성이 있었다. 시집간 겔프 가문이 파리에서 면도칼의 교체용 날을 제조, 판매해 크게 성공했다.

1800년대엔 '남자다운 수염'이라는 풍조가 있었다. 직업이나 연령, 신분에 상관없이 누구나 수염을 길렀다. 수염은 성숙한 남성미와

지성의 상징이었기 때문이다. 고대 로마에서는 소년이 한참 성장하는 시기에는 수염을 깎지 못하게 했다고 한다. 수염을 깎을 수 있게 되어서야 비로소 소년은 성인이 되었다. 수염을 깎는다는 건 남자가 되는 의식이었다.

수염의 품격은 면도칼에 달려 있다. '겔프의 면도칼은 잘 든다'는 평판이 자자했다. 1800년대의 남자의 얼굴을 책임지고 있었던 것이다. 겔프사는 대가 바뀌고 경쟁이 치열해지자 이에 질 수 없다며 신상품을 고안했다. 숫돌이었다.

"면도칼로 성공한 친척의 권유로 제 할아버지는 제노바에서 토리노로 향하는 도중에 있는 몬페라토라는 마을로 이주해 숫돌 제조를 시작했어요."

세르조의 이야기를 들으며 나는 탄성을 질렀다.

돌로 세워진 마을 몬테레조를 떠난 마을 사람이, 이주한 곳에서도 돌로 살아갈 양식을 얻었다니…….

채석하고 재단한다. 무척 간단한 제품이다. 그래도 '마우치 제품은 다르다'며 잘 팔렸다. 돌을 보는 눈이 있었나. 돌의 활용법을 터득하고 있었나. 이윽고 마우치는 가죽 벨트에 독자적으로 개발한 접착제로 숫돌을 붙여 판매하기에 이른다.

여하튼 너나할 것 없이 수염을 기르던 시절이다. 이발소에서 수염을 다듬는 것은 남자의 차림새의 기본이었다. 이발소는 앞다투어 마우치에서 나온 숫돌을 샀다. 절대 가죽 벨트에서 떨어지지 않는 견고한 돌. 간소하기 이를 데 없지만 솔직하고 신뢰할 수 있는 돌. 날을 갈면 면도칼은 그 성능을 발휘했다. 주인공의 가치를 빛내주는 돌.

"돌을 팔아 얻은 돈으로 몬테레조 언덕에 집을 지은 후 멋진 석묘도 만들었어요."

부를 얻어도 향하는 곳은 파리나 런던, 피렌체나 밀라노가 아닌 고향 몬테레조였다. 살았었다는 증거로 남긴 것은 별장이나 사치품이 아닌 돌아갈 집과 선조를 기리는 묘였다.

돌에서 태어나 돌로 돌아간다. 묘를 지킨다. 선조를 받든다. 역사를 전한다.

"할아버지는 어느 정도 재산을 모았지만, 일찍이 아내를 여의고 말았어요. 네 명의 어린 자식을 안고 어찌할 바를 모르다가, 기어코 숫돌 공장 문을 닫고 몬테레조로 돌아온 거죠."

그러나 산골짜기는 홀아비가 자식들을 키울 때 도움을 받을 수는 있었어도 새 사업을 번성시킬 만한 토양은 아니었다. 모아놓은 돈으로 사는 일상이 계속됐다. 그래도 세르조의 할아버지가 자택의 일부를 마을에 제공해, 그곳에 마을 최초로 학교가 생겼다고 한다.

"할아버지는 마을의 장래를 생각해 아이들에게 읽고 쓰는 재미를 유산처럼 남겨주고 싶었을 거예요."

돌이 책으로 길을 잇는다.

옆에서 조용히 아버지 세르조의 이야기를 듣고 있던 자코모가 낡은 서류의 복사본을 보여주었다. 마을의 공문서다. 학교의 연혁이 기록되어 있다.

이탈리아반도가 왕국으로 통일된 것은 1861년의 일. 1868년 날짜가 새겨진 공문서에는 몬테레조의 교사였던 남성의 이름이 남아 있었다. 아마 주변 산마을을 하나의 학구로 정해 마을을 순회하며 교편을 잡았던 게 아닐까. 당시 학교에 다닐 수 있었던 것은 사내아이들뿐이었다.

이윽고 1877년, 5년간의 의무교육제도가 제정된다.

이듬해에 발행된 공문서에 따르면 몬테레조의 인구는 856명. 남학교와 여학교가 각자 전속 교사를 두고 창설되어 있다. 남학교 32명(6세 이하가 3명, 6~10세가 22명, 10세 이상이 7명), 여학교는 18명(6세~10세가 13명, 10세 이상이 5명).

한참 뒤인 1911년. 학교의 기념사진이 남아 있었는데 66명의 학생이 찍혀 있다.

마우치 일가 한편에 자리한 작은 학교는 그 후에도 1940년경까지 남아 있었다고 한다.

"남자아이와 여자아이가 번갈아 와서 활기차게 공부하던 모습을 기억해요."

"여기를 신나게 미끄럼을 타고 내려갔어요" 하면서 세르조는 감개무량한 얼굴로 계단의 난간에 손을 얹었다.

오랫동안 마을의 경제는 자급자족이나 물물교환으로 돌아갔다. 봄이 되면 산을 넘어 북부 이탈리아의 장원 농지로 돈을 벌러 가고, 가을에 수확이 끝나면 마을로 돌아와 가족과 겨울을 나는 남자도

많았다. 몬테레조뿐 아니라 농경지가 적은 한촌에서는 어디든 엇비슷한 삶이었으리라.

1800년대의 어느 해를 경계로, 마을 사람들은 도붓장사를 떠나게 되었다. 몬테레조의 소소한 산업혁명이었는지도 모른다.

마우치 일가의 선조가 타지에서 면도칼과 숫돌을 팔기 시작한 것도 우연히 같은 시기였던 건가……

시대의 변천을 생각하고 있는데 자코모가 "하지만 농업에서 상업으로 갑자기 삶의 방식이 달라진 데에는, 뭔가 엄청난 사정이 있었던 건 아닐까 싶어요"라며 지도를 펼친다.

이탈리아 지도다.

"그때까지 몬테레조의 경제는 이 일대에 의존하고 있었어요. 마라스피나 가문처럼 장원 영주의 토지였죠."

모시는 사람의 형세가 그대로 종속된 마을 사람들의 삶에 반영되었다. 운명 공동체다.

"역사를 조사하다가 1816년이 '여름이 없었던 해'였다는 걸 알게 됐어요."

'여름이 없었던 해.' 북유럽, 미국 동북부와 캐나다 동부 각지에서 5월에 서리가 내리고 6월엔 눈보라와 많은 적설량, 7~8월에는 하천과 호수가 동결되는 등 섭씨 30도를 넘던 기온이 몇 시간 만에 영하로 곤두박질치는 이상 기온으로 농작물이 거의 전멸하는 사태가 발생했다. 이는 카리브해와 인도네시아, 가고시마, 필리핀에서 1815년까지 수년에 걸쳐 연이어 화산이 분화해, 대량의 화산재에 의해 태양열이 차단되어 일어난 일이라고 한다.

북부 이탈리아에서는 보리와 뽕나무가 전멸했다. 이 말은 주요 식량인 보리와 산업의 재료인 비단이 순식간에 소멸해버렸다는 걸 의미한다.

"그때까지 몬테레조가 의존하던 농지에서는 일자리는커녕 농업 그 자체가 사라져버렸어요."

여름이 없었던 해에는 가을에도 겨울에도 계속 비가 왔다. 중국이나 인도에서는 큰비로 홍수가 났고 콜레라가 창궐했다. 역병, 기아, 암울. 사람들은 두려움에 떨었다.

"하지만 몬테레조 사람들은 배고픔에는 이력이 난 이들이었죠."

'장사라도 나서지 않으면.'

일단 마을 사람들이 광주리에 짊어졌던 건 성인의 축성이 들어간 성화와 생활 달력이었다. 달력은 음력과 일식, 점성술, 명절 등과 같이 일상에 필요한 정보가 기록된 연감 같은 것이었다. 천재지변으로 덜덜 떨며 기아에 괴로워하는 사람들에게 몬테레조의 도붓장수들은 신의 가호와 하늘과 땅에 의지해 살아갈 곳을 되찾을 수 있도록 위로와 용기를 전한 것이다. 중세에 사람들이 살기 좋아진 세상을 감사하며 성지 순례길을 걸었던 것과 같은 길을 걸어서.

아아, 그랬구나.

자코모와 마을 대표들이 결성한 조직의 이름을 기억해내고는 이제야 무릎을 친다. 이름은 '몬테레조의 마에스타(성모자 상)'다. 엄마가 아이를 안고 지켜주듯이······. 이것이야말로 장엄한 일이 아닌가.

'쓰라린 아픔 뒤에는 기쁨이 찾아온다.'

몬테레조에 대대로 전해 내려오는 마음가짐을 만난다.

근세의 보통 사람들의 생활 광경은 어땠을까.

중세에서 르네상스 시대로 가는 과도기, 종교화에서 벗어나 일반 사람들을 주인공으로 그린 회화가 탄생한다. 그중에서도 잘 알려진, 16세기 볼로냐파의 안니발레 카라치가 그린 「직업」이라는 제목의 작품들을 살펴본다.

나무통을 파는 사람, 퇴비를 짊어진 사람, 향, 광주리, 모자, 저울, 깔때기, 채소, 고기, 빵, 건어물······. 한 사람당 한 종류, 식재료나 가공식품, 일상 잡화나 의류, 도구를 어깨에 짊어지고 가는 사람들이 즐비하다. 그 모습은 걸어다니는 상점이다.

그중 한 장에 '책을 파는 사람'이 있었다. 광주리 가득 책을 담고, 그래도 모자란 듯 옷주머니에도 넣고 있다. 책을 펼쳐 들고 입가에 미소를 머금은 채 걷고 있다.

어라? 어딘가에서 본 것만 같은.

"몬테레조 광장에 있는 책을 파는 도붓장수의 석비는 이 명작을 모티브로 조각된 것이죠."

자코모가 웃는다.

1501년 베네치아에서 알도 마누치오가 활판인쇄를 이용해 문고판을 출판한 지 불과 수십 년 만에 이렇게 광주리에 넣어 팔러 다닐 만큼 책이 삶 속에 침투해 있었단 말인가. 무척 흥미롭다.

그러나 그림에 남겨져 있다고는 해도, 의무교육제도가 실행된 것은 1877년부터다. 1500년대에는 읽고 쓸 수 있는 사람이 상당히 드물었을 것이다. 그럼에도 책을 파는 도붓장사가 직업이 될 수 있을 정도로 책이 팔렸던 걸까.

당시 몬테레조의 도붓장수가 팔러 다닌 것은 책이 아니었다. 성화였다. 작은 종잇조각으로 부적 같은 것이었다. 구입한다 해도 성인의 그림 아래 쓰인 축성문을 읽을 수 있는 이는 거의 없었다. 성화나 달력을 파는 도붓장수들이 오면 사람들은 광장에 모였고, 도붓장수들이 축성문을 읽어주었다. 그러나 도붓장수들 중에서도 글자를 모르는 이는 있었다. 축성문을 위탁받을 때 신부님께 교리를 듣고 그것을 기억했다가 마치 자신이 읽는 것처럼 열심히 설명했을 것이다. 축성문을 팔러 다니면서 자신의 가호도 빌었을지 모른다.

책과 기도. '이건 성스러운 길인가.'

성스러움의 정점인 로마 교황에 대해 조사해보았다.

유럽 역사의 주축은 그리스도교의 역사이리라. 책의 역사도 바꿔 말하면 그리스도교의 역사라 할 수 있다.

중세에서 근대에 걸쳐 역대 교황들에 대해 조사해보니 아펜니노 산맥과 리구리아해 사이에 있는 마을 출신의 교황이 있었다. 대리석 채석장의 카라라와 인접한 사르자나라는 마을에서 태어난 니콜라우스 5세다.

그는 1447년에 교황이 되자마자 로마 부흥 사업을 추진한다. 우선 성베드로 대성당의 재건축을 부르짖었다. 그리스도교의 교회 건축으로는 세계 최대, 건축 면적 2만3000제곱미터가, 붕괴 직전의 위험에 처해 있었기 때문이다. 재위 기간이 8년으로 짧았기 때문에 공사는 중단되었지만 이 로마 부흥 계획을 계기로 교황의 고향 근처인 카라라에서는 막대한 양의 대리석이 로마로 반출된다.

1448년 니콜라우스 5세는 나아가 바티칸 도서관을 창설한다. 교황 대대로 물려 내려오는 라틴어와 고대 그리스어, 히브리어의 오래된 사본 350점으로 도서관을 개관했다.

니콜라우스 5세는 '그리스도교와 관련된 책이라면 돈을 아끼지 않고 산다'고 포고했을 정도라고 한다. 장서를 늘리기 위해 유럽 전역의 부유층과 교회, 지식인들로부터 희귀본을 사들였을 것이다.

교황은 태어난 고향에서 돌을 사서 로마 재건을 추진했고, 같은 돌로 도서관을 열었다.

돌이 책을 불러모아, 품에 안아 지킨다.

성모자 상. 마에스타다.

광주리 가득 성인의 축성이 든 성화를 채워 몬테레조 마을 사람들은 도붓장사를 떠났다. 가는 길은 신의 가호를 전하기 위해서였고, 돌아오는 길에는 각지에서 들은 그리스도와 관련된 책의 정보들로 채웠다. 신의 말씀을 전하는 도붓장수들에게는 성스러운 책의 정보가 전해졌을지도 모른다.

유랑책방은 책을 파는 것만이 아니었던가 보다. 현대의 서점이 책을 팔기만 하는 장소가 아닌 것처럼.

10

나폴레옹과
도붓장수

아펜니노산맥. 이탈리아반도의 북부에서 남부까지 약 1350킬로
미터에 달하며, 거의 전역을 가로지르고 있다. 이탈리아의 척추다.
북·중앙·남으로 구분된다. 도붓장수들의 고향 몬테레조는 북아펜
니노 한가운데 위치한다.

오랜 세월 가난에 길들여진 마을이었다. 자급자족을 했고 모자
란 것이 있으면 사내들은 북부 이탈리아의 농업지대로 장기간 일을
하러 떠났다. 그러나 1816년의 이상기온으로 북부 이탈리아의 농업
이 파괴적인 피해를 입자, 몬테레조에 큰 변화가 찾아온다.

"남의 힘에 의지해서는 안 된다. 자신들의 힘으로 생활을 지키지
않으면!"

때때로 불운은 저력을 만들어주고 미래로 나아가는 기회를 몰고
온다.

벼랑 끝에서 마을 사람들은 광주리를 짊어졌다. 팔 수 있는 것은
뭐든 팔자. 사줄 사람을 찾을 때까지 걷자. 다 팔리면 다시 채워서

더 멀리 가자.

산에 들어가 주운 야생 밤. 말린 버섯. 아주 적은 양만 채취할 수 있었던 밤 꿀. 마른 가지 다발. 밤을 구워 으깬 가루. 교회에서 모은 성인의 성화와 달력⋯⋯.

국경을 넘어 벨기에와 프랑스까지 간 도붓장수도 많았다. 다행히 농사일에 익숙했던 마을 사내들은 이국에서의 육체노동에도, 광주리를 짊어지고 떠나는 도붓장사의 긴 여정에도 조금도 굴하지 않았다. 마을에서 남편을 기다리는 여자들도 나약함 따위 보이지 않았다. 남편의 오랜 부재에도 불구하고 밝고 굳세게 지켜냈다. 마을은 단단히 결속했다. 마치 돌처럼.

1800년대의 마을 행정 사무소의 기록을 보면 벨기에에서는 광산에서 일하던 자도 상당히 많았던 모양이다. 광산에 돈을 벌러 갔던 몬테레조 출신 사람들은 버려진 돌을 주워모았다. 고향으로 돌아오면서 팔았을지도 모르고, 어쩌면 타지를 유랑하는 도붓장수들을 만나 그들이 대신 팔러 떠났을 수도 있다.

그 바위나 돌 중에는 세르조와 자모코 부자의 선조가 판 숫돌의 원석도 있었다고 한다. 이주처인 파리에서 면도칼을 제조해 성공한 친척의 제안으로 날을 가는 숫돌을 팔게 된 마우치 일가였으나, 북부 이탈리아의 내륙 마을에 숫돌 제조 공장을 만든 것은 그곳에서 원석을 캘 수 있어서가 아니었던 모양이다.

벨기에에서 원석을 운반한 마을 사람, 이탈리아의 마우치 공장에서 재단한 숫돌을 짊어지고 떠난 마을 사람, 다른 마을에서 다음 장소로 팔러 가는 도중에 만난 마을 사람⋯⋯.

　그것은 숫돌 공장이자 동시에 몬테레조의 부도심이며, 일자리의 지부였고 혹은 이동 중에 잠시 쉬며 정보 교환을 하기 위한 만남의 장소이지 않았을까. 막 재단한 숫돌을 채워두고 고향의 밤 가루로 뇨키를 만들어 다함께 식탁에 둘러앉았을 것이다. 마을의 근황을 묻거나 가족에게 전할 말을 부탁받았으리라.

　사람과 이익, 정보가 교차하는 지점.

　이것이야말로 몬테레조가 오랜 세월 짊어지고 온 역할 그 자체가 아닌가.

　훗날 마우치 일가가 허망하게도 공장 문을 닫고 몬테레조로 돌아왔을 때, 가장 먼저 자택을 개방하고 학교를 연 것은 단순히 돈이 많아서가 아니었을 것이다. 문자 그대로 무거운 짐을 짊어지고 살아온 고향 사람들의 의지처를 책임져온 마우치 일가로서 미래로 가는 이정표를 만들고 싶었던 것은 아닐까.

　이어서 1800년대에 도붓장수들에게 발행된 통행 허가증의 변천을 본다.

　1810년에 발행된 통행 허가증의 직업란에는 아직 '돌 및 잡화 소매'라고 기재되어 있으나, 1830년대가 되면 '숫돌과 성자의 축성문 판매'로 바뀐다. 1840년에 발행된 파르마 공국의 통행 및 체류 허가증에는 '농업, 치과 의사 및 돌 판매 그리고 책도 판다'라고 적혀 있다.

이런 강조하는 듯한 추가 기록은 도붓장사들의 짐이 돌에서 책으로 바뀌며 새로운 시대가 시작되었다는 안내문처럼 읽힌다.

그렇다손 치더라도 대중이 살 수 있었던 인쇄물이라면 다름 아닌 '성자의 축성문'이나 '달력'이었을 텐데 '책'으로 이행한 것은 왜일까? 제아무리 마우치 일가가 학교를 세우고 신부들이 교리를 가르쳤다 하더라도, 1800년대라면 아직 글을 모르는 사람이 많았던 시대가 아닌가. 누가 무엇을 읽은 것일까. 어떻게 도붓장수들은 책을 찾아내 사들이고, 팔 곳을 찾았던 것일까.

1816년, '여름이 없었던 해'라는 재해로 세계는 큰 타격을 받았다. 살아남기 위해 사람들의 대이동이 시작된다. 세상이 움직인다.
재해와 동시에 유럽 전역을 뒤흔든 돌풍이 있었다.
나폴레옹 보나파르트.
유럽의 구체제를 근본에서부터 뒤집으며, 역사의 돌풍이 되어 시대의 진화를 이끈 공로자였으나 또한 그 특이한 재능에 의한 성과는 후계자의 운신의 폭을 좁히는 폐해도 남겼다.
본명은 나폴레오네 디 부오나파르테다. 이탈리아 이름 같다고 생각하면서 족보를 거슬러 올라가보니, 13세기 이탈리아 리구리아의 옛 도시 루나 부근 출신으로 되어 있다. 기원전에 에트루리아인이 대리석을 채석해 부를 쌓은, 고대 로마가 통치하던 그 마을이 아닌가. 몬테레조 마을과 무척 가까운 마을이다. 그렇구나, 이탈리아인 아니 리구리아인이었구나.

1789년 프랑스 혁명 발발. 1793년 24세의 나폴레옹은 툴롱 포위전 출정이 계기가 되어 천재 군사 전략가로 자리매김하고 혁명 후 각지의 혼란을 수습하고 있었다. 그 후, 군사독재 정권을 수립해 프랑스 제국 최초의 황제가 되기까지의 궤적은 위업과 기습 작전으로 가득한 일람표다.

로마 황제의 재림이었다. 우수한 군사력과 행정과 사법화에 더해, '자유·평등·박애'라는 프랑스 혁명의 정신도 유럽에 침투시켰다. 국민군, 장원 영주로부터 해방된 소작농, 상점주 등의 소시민들이 나폴레옹 사회의 기축이 되었다. 생명력 강한 잡초가 대지에 뿌리를 내리고 기세 좋게 퍼져나가는 광경이었을 것이다. 저변에서 위를 향한 몸부림이다.

나폴레옹을 통해 유럽의 여러 민족은 다른 민족으로부터의 해방과 국가 통일의 의미를 피부로 느꼈을 것이다.

이탈리아도 예외는 아니었다. 로마 제국 분열 이후, 이탈리아반도에는 줄곧 여러 민족이 침공을 해왔기 때문에, 하나의 거대한 국가가 될 시기를 놓치며 그대로 1000여 년의 세월이 흐르고 있었다. 그곳에 나폴레옹이 등장했다. 이탈리아반도 전역에 강한 민족의식이 부흥했다. 지금까지 특권 계급만이 누릴 수 있었던 것들이 대중의 손에도 전해지는 시대가 온 것이다. 사람들은 눈을 떴다.

'남의 힘에 의지해서는 안 된다. 자기 힘으로 생활을 지키지 않으

면 안 된다!'

다른 나라의 지배로부터 벗어나 독립 국가를 세우자는 기운이 감돌았다. 19세기 이탈리아 통일 운동이 이렇게 시작되었다.

독립은 어떻게 하면 좋을까? 세상에서 일어나고 있는 일을 알아야만 한다. 좀 더 정보를!

그래서 책이 필요해졌다.

나폴레옹의 세력권에서는 공업화가 진행되면서 삶의 여유가 생기기 시작한다. 그때까지는 값비싸고 전문적인 내용이었기 때문에 범위가 좁았던 책 구매층도 조금씩 넓어져간다. 하지만 지식층에 합류한 군인과 소시민들은, 지식 욕구가 왕성할지라도 경제적인 여유는 아직 충분치 않았다.

드디어 '그리고 책도 판다'의 몬테레조 도붓장수들이 등장할 때가 됐다.

마을 사람들은 저변의 도붓장수였다. 유랑책방이다. 시내에 있는 서점에서 파는 책과는 달랐다. 가격도, 형태도, 독자도.

당시의 출판사 대부분은 소규모였고 인쇄도 겸하고 있었다. 조판을 하고 적은 부수를 인쇄해서 팔았다. 재고를 떠안고 있을 여력이 없었다. 몬테레조 사람들은 이러한 출판사에서 재고나 파본을 열심히 모아 대신 팔러 다니기 시작한 것이다. 광산에 방치된 돌들을 주워 팔았던 것처럼.

지금껏 책을 읽던 사람들과는 다른 종류의 사람들이 각지에서 도붓장수가 가져오는 책을 몹시 기다리고 있었다. 서점은 비싸고 난

해한 전문 서적뿐이라 문턱이 높다. 편하게 손에 들고 마음껏 책장을 넘겨보고 싶다. 노점이라면 얼마든지 책을 만져볼 수 있다. 모험이나 연애 같은 친숙한 내용의 잡지도 있다. 마음에 들면 자신들도 살 수 있는 책이 있다. 무엇보다 유랑책방 주인인 도붓장수들은 정성껏 응대해주었다. 각지를 돌아다니며 책을 파는 도붓장수들의 이야기에는 생생함이 있었다. 멀리 가지 않더라도 그들과 책을 통해 여행을 떠난 기분을 느낄 수 있었다. 모두 도붓장수들의 이야기에 넋이 나갔다. 채소와 빵을 사고 나면 책 이야기를 들으러 간다. 책에 적혀 있지 않은 이야기까지 들을 수 있다. 책장의 여백과 행간을 읽어내려가듯.

길거리 유랑책방에서 책을 팔면서 도붓장수들은 서민들의 호기심과 속사정에 밝아졌다. 손님 한 명 한 명에게 맞는 책을 찾아 가져다주게 된다. 손님들에게 도붓장수가 가져다주는 책은 미래의 친구였다.

명품 양복을 동경하지만 저렴한 평상복은 입다 보면 몸에 익어 벗기 싫어지는 법이다. 유랑책방은 그런 책을 팔았던 것이다. 읽다 보면 차츰 그 사람의 피와 살이 되어가는 책을.

마을 실태 조사에 따르면 1858년의 몬테레조의 인구 850명 중 70명이 '직업은 책장수'로 기재되어 있다.

어떤 여정이었을까.

50년쯤 전 마을 사람들로부터 들은 도붓장수에 관한 이야기가

1800년대 후반에서 1900년대 전반에 걸쳐 기록으로 남아 있다.

"봄이 찾아오면 책을 파는 도붓장수들은 같은 날 모여 다 함께 길을 떠났어요. 바다 쪽인 라스페치아에서 북부 이탈리아의 성야 피아첸차를 거쳐 밀라노, 베로나로 뻗은 갈림길의 정해진 곳에서 도 붓장수들이 모이죠.

1920년 5월 14일에 저는 겨우 여섯 살이었어요. 도붓장수들을 배웅하려고 다른 아이들과 광장 구석에 앉아 있었죠. 아버지를 포 함해 많은 마을 사람이 유랑책방을 펼 자리가 서로 겹치지 않도록 갈 곳을 신중하게 결정했습니다. 잘 팔리는 책 제목을 알려주거나, 책을 구입할 출판사 이름을 확인했어요.

저는 그 광경을 넋을 잃고 바라보고 있었습니다. 멋졌어요. 튼튼 한 구두로 떠날 채비를 단단히 했죠. 옷차림은 단출했는데 모두가 책 광주리를 자기 옆구리에 단단히 끼고 있었어요. 짐은 그뿐이었습 니다. 책이 아버지들의 보물이었던 것입니다.

각자 장사를 할 곳이 정해지면, 남자들은 짐을 짊어지고 악수를 나누고 잠깐 농담을 주고받고는 '그럼, 다시 만나세' 하며 손을 흔들 면서 각자의 목적지를 향해 묵묵히 걷기 시작했어요."

갈림길에서 헤어진 후 도붓장수들은 어디를 향해 갔을까. 대부 분은 중앙에서 북부 이탈리아에 있는 마을을 향해 갔다고 한다.

"도붓장수들은 라퀼라보다 남쪽으로는 가지 않았어요. 처음엔 점점 남쪽으로 가면서 로마까지 갔다고 하는데, 글을 아는 사람이 한 명도 없어서 책이 전혀 팔리지 않았대요. 그 당시 책이 가장 잘

팔렸던 마을은 볼로냐였습니다."

이 무렵 책을 파는 도붓장수들은 각지의 장터에 자리를 잡고 장사를 했다. 청과물이나 생선, 빵이나 치즈, 고기, 솥단지나 빗자루와 나란히 좌판에 책을 쌓아놓고 팔았던 것이다. 장은 매주 한 번 마을에 정해진 장소에서 열렸고, 여름 축제처럼 연중행사로 열리는 큰 장도 있었다.

"저는 열한 살이었어요. 어머니를 따라 멀리 낯선 마을까지 책을 팔러 갔습니다. 부모님은 밀라노에서 노점을 하고 있었는데 장사가 잘 되지 않았기 때문이죠.

좌판도 없이 장사를 하러 온 우리를 보고, 옆에서 장사를 하고 있던 사람이 걸어놓았던 그림을 한 장 빼서 '이 위에 놓고 팔아라' 하고 건네주었어요. 제가 처음 책을 판 것은 1미터짜리 그림 위에서였죠.

주중엔 부모님이 밀라노에서, 주말엔 저도 부모님과 함께 그 마을까지 가서 장사를 했습니다. 몇 년쯤 지나 좌판은 20미터까지 길어졌고 점원도 다섯 명으로 늘었어요. 하루에 17상자를 판 적도 있습니다.

매일 아침 4시에 책을 진열했어요. 옛날에는 영업 시간 같은 건 정해진 게 따로 없었으니까요. 금세 좌판 앞으로 농민들이 찾아와요. 진흙이 묻은 신발을 신고 멈춰 서서 『피노키오』 한 권 주세요. 제일 깨끗한 걸로 부탁해요'라며 사갔거든요.

『백설공주』『신데렐라』『빨간 모자』『장화 신은 고양이』 같은, 아이들 책이 잘 팔렸어요. 더욱이 크리스마스 시즌이 되면 성황을 이뤘죠."

이른 아침부터 밤늦게까지, 눈이 오거나, 아무리 더운 날이라도 책을 기다리는 사람이 있다면 가리지 않고 유랑책방을 열었다. 일요일도 휴일도 없이 일했다. 도붓장수들은 항상 책을 산더미처럼 쌓아 올린 좌판 옆에 서서, 손님이 오면 성심을 다해 맞았다. 손님의 질문이나 감상은 하나도 놓치지 않으려고 열심히 들었다. 온 힘을 다해 손님들의 눈과 손과 취향을 좇았다.

점포가 없으니 들어가는 비용은 자신들의 잠자리와 밥값뿐이다. 도붓장수들은 장사가 끝나면 소중한 책을 상자에 넣고 흠집이 나지 않도록, 도둑맞지 않도록 품에 안고 노숙을 했기 때문에 숙박비도 들지 않았다. 그리고 노숙으로 돈이 들지 않은 만큼 책을 싸게 팔았다.

"쉬지 않고 일하다니 신의 가르침에 어긋난다."

"저렇게 파격적인 가격으로 팔면 우리는 파리를 날리게 된다."

"책을 파는 것은 좀 더 교양 있는 사람들이 할 일이다."

많은 일반 서점은 마을의 도붓장수들을 적대시했다.

한편 출판사는 규모나 유명, 무명에 상관없이 몬테레조의 도붓장수들을 대단히 소중히 여겼다. 기성 서점에서는 절대 알 수 없었던 신흥 독자들의 관심과 의견을 도붓장수들 덕분에 자세하게 파악할 수 있었기 때문이다. 큰 마을이라면 어느 정도 시장의 동향을 파악하는 게 가능했지만 지방의 소도시는 판매망 밖이다. 도붓장수는 자신이 발품을 팔아 얻은 정보를 하나도 남김없이 전해주었다. 길 없는 길을 가는 일은 도붓장수에게 있어서 일상다반사였다.

　우리들의 강점은 모세혈관처럼 이탈리아 구석구석까지 책을 전하러 갈 수 있는 담력과 발품이다. 책은 세상의 산소다. 모두가 나눠서 빠짐없이 책을 팔러 가야 한다. 그러려면 일단 인재가 있어야 한다.

　마을 도붓장수들은 어린아이들에게 책을 파는 정신을 가르쳤다.

　"제가 막 초등학교에 들어갔을 때였어요. 수업이 없는 날은 부모님과 함께 책을 팔러 갔죠. 겨울날 이른 아침, 추위에 울상이 되어 있으면 어머니가 난로에서 덥힌 조약돌을 제 윗주머니에 넣어주셨어요."

　"열 살이 되던 여름에 아버지가 광주리를 주셨어요. 얇고 값싼 책들이 가득 들어 있었죠. 광주리를 메고 해변으로 가서 해수욕을 하고 있는 사람들한테 팔고 오라고 하셨어요."

　"초등학교 저학년이었을 때 집에 가면 바로 창고에서 손수레를 꺼내 균일가의 헌책을 넣어 팔면서 돌아다녔어요."

　"오페라 극장에 작품이 걸리는 밤에는 원작을 짊어지고 나가 극장 앞에 좌판을 펼치고 팔았어요."

　아이들은 아버지로부터 상자나 광주리를 이어받아 메는 법과 걷는 법, 파는 법의 기본을 배웠다.

　다른 마을에서 몬테레조의 도붓장수를 찾아와 일을 '가르쳐달라'고 아이를 맡기는 일도 많았다. 도붓장수들은 수련생 아이들에게 길을 가르쳐주고, 혼자서 책을 팔도록 보냈다. 일이 끝나면 모두가 만나기로 한 약속 장소를 알려주고 보냈지만, 밤이 되어도 수련생이 약속 장소에 오지 않는 경우가 자주 있었다. 길을 잃거나 고된 수련을 집어치우고 집으로 도망갔기 때문이었다.

여섯 살짜리 아이가 무거운 광주리를 짊어지고, 늦은 밤 산길을 혼자서 걸어오는 모습을 상상하는 것만으로도 가슴이 미어진다.

"몬테레조 사람들이 안 하면 누가 하겠어요. 문화는 무거운 것이죠."

11

신세계에
구세계를 알리며

마을은 겨울에 찾아갔을 때와는 전혀 다른 모습이다.

여름 축제를 위해 건물 셔터를 걷어올렸고, 활짝 열어젖힌 유리창에는 산과 하늘이 창연하게 비치고 있다.

광장 바르의 바깥 자리에 앉아, 아침을 먹으며 오가는 사람들을 바라본다. 마을에 단 하나뿐인 바르는 항구와 같다. 전날 밤에 도착한 이, 오늘 아침 떠나는 이, 고향을 찾은 지인을 만나기 위해 옆 마을에서 온 이, 멀리서 책 축제를 보러온 이들이 연이어 바르에 들어오고 또 나가며 인사를 나눈다.

에스프레소 머신은 쉴 새 없이 증기를 뿜어대고 있다. 가게 주인은 주문을 받고 계산을 하고 설거지를 하며 바쁜 와중에도 가끔 몸을 반쯤 밖으로 내밀어 길가에 펼쳐놓은 테이블을 살핀다.

정오가 가까워지자 주문은 카푸치노나 커피에서 와인이나 식전주로 바뀌어간다. 그러자 주인은 오븐에서 막 구워낸 포카지아를 재빨리 큼직하게 잘라 여기저기 테이블을 돌아다니며 나눠준다. 포카치아를 줄 때마다 환호와 웃음소리가 들리고, 쌓인 이야기는 지난 여름에서 올여름으로 옮겨오며 한층 열기가 더해진다.

예전에도 타지를 떠돌던 도붓장수들이 겨울을 나기 위해 마을로 돌아와서는 이처럼 광장에 모여 각자가 보고 들은 것을 이야기하고 정보를 교환했을 것이다.

한 사람이 자리에서 일어나면 금세 다른 손님이 앉는다. 담벼락에 서서 이야기를 나누고 있던 사람들이 우르르 바르로 들어온다. 그러면 여기저기 빈자리가 생기고 사람과 정보가 나중에 들어온 이들에게로 옮겨가는 것이었다.

책 축제의 주역은 각지에서 고향으로 돌아온 마을 사람들과, 각지에서 모인 유랑책방이다. 좁은 골목길에는 책을 올려놓은 좌판이 이어진다. 유랑책방이 들어선 돌벽에는 방수 시트에 인쇄한 옛날 사진이 붙어 있다.

사진 속에는 이탈리아 국내외에서 유랑책방을 하거나 수레를 끌며 책을 팔던 마을 사람들이 있다. 남자들과 섞여 복사뼈까지 내려오는 치마를 입고 가게 앞에 당당하게 서 있는 여성의 사진도 있다. 몬테레조 광장에 모여 기세 좋게 웃는 일행. 하나같이 중절모에 단벌 정장을 차려입고 어디로 간 것일까. 산길에 무리 지어 있는 양떼, 뒤를 쫓는 개, 성모의 석비 앞에 선 젊은 여성, 어린아이들은 돌벽을 기어오른다. 찬란한 햇살 아래 산더미처럼 쌓인 책과 책을 손에 들고 읽는 손님. 그것을 바라보는 책장수……

문득 뒤돌아 마을을 바라보니 사진 속과 같은 광경이 예배당에서 광장으로, 골목에서 집들 사이로, 산길로 이어져 있다.

어디까지가 과거이고 어디부터가 현재일까.

사진 속과 밖의 공통점은, 수많은 책에 둘러싸여 즐거워 보이는 사람들의 얼굴이다.

"이 사람은 저기 산 너머 파라나라는 마을 주민인데."

자코모의 말소리에 불현듯 현실로 돌아왔다.

"마우치라고 합니다. 자코모와 같은 성씨인데 혈연은 아니에요. 우리 선조는 면도칼이나 숫돌 장수는 아니었어요."

소개받은 그 남성은 바로 앞에 있는 좌판에서 책 한 권을 빼더니, '팔았던 건 이거'라고 행복한 듯 흔들어 보였다.

그러고 보니 피비차노 마을의 인쇄박물관을 방문했을 때 전시실에 인쇄 관련 자료와 함께 석비를 찍어놓은 사진이 있었고 아래와 같이 적혀 있었다.

출판인
에마누엘레 마우치
1850~1937
"유럽을 맛볼 수 있는 감성을 미국에 전했다."

미국으로 건너가 문필로 활약한 고향 사람이겠거니 하고 별스럽게 생각하지 않았다. 눈앞의 사람이 그 자손이라고 한다.

"그 역시 책을 파는 도붓장수였어요. 안타깝게도 기록은 거의 남아 있질 않아 우리 자손들조차 자세한 건 몰라요."

그렇게 말하며 파라나 마을의 마우치 일가의 후예는 이야기를 시작했다.

그것은 오래된 책장을 조심스레 넘기는 것과 같았다. 책은 너무 낡아서 실밥이 풀어져 있고 대부분의 책장이 떨어져나갔다. 겨우 남아 있는 책장에도 벌레에게 먹히거나 빠진 곳이 많아 이야기가 도중에 끊겨버리는 바람에 줄기를 알 수 없었다.

에마누엘레 마우치는 1850년 몬테레조와 산 하나를 사이에 둔 작은 마을 파라나에서 태어났다. 다섯 살 때 아버지를 여의고 짐을 짊어질 수 있는 나이가 되자 책을 팔러 마을 사람들을 따라나섰다. 프랑스까지 팔러 갔었던 모양이다. 아직 어린 아이가 책을 팔아 가족을 먹여 살려야만 했다. 얼마나 고된 나날이었을까.

1868년, 열여덟 살이 된 에마누엘레는 아버지가 남긴 집을 판 돈을 움켜쥐고 범선에 올랐다. 모든 것을 걸고 남미에 가기로 결심한 것이다.

3개월에 이르는 항해를 거쳐 아르헨티나, 부에노스아이레스주의 라플라타시에 상륙한다. 아르헨티나는 인구의 절반이 이탈리아 이민자다.

'이민자는 모두 조국을 멀리 떠나와 외로울 것이다. 이탈리아의 언어를 전하자.'

상륙한 곳에서도 에마누엘레는 유랑책방을 시작했다. 도붓장수의 유일한 보물은 책이다. 분명 책을 소중히 안고 이탈리아에서 배를 탔을 것이다.

열심히 일해 4년 후에는 부에노스아이레스로 이주해 마을 최초로 서점을 연다. 혈혈단신 맨몸으로 건너가 의지할 곳도 없는 이국에서의 창업이었다.

'남의 힘에 의지해서는 안 된다. 자신의 힘으로 생활을 지키지 않으면!'

에마누엘레를 지탱한 건 역시 돌처럼 견고한 의지와 체력이었음이 틀림없다.

그로부터 11년 후인 1883년, 궤도에 오른 부에노스아이레스의 서점을 프랑스에서 숫돌을 팔고 있던 동생을 불러들여 맡기고, 자신은 다시 이탈리아로 돌아온다. 도붓장수들로부터 '지금 스페인의 바르셀로나가 성황이다'라는 말을 듣고 즉시 이주. 우선 현지에 책 창고를 마련하고 시기를 엿보다가 서점을 냈다.

당시 바르셀로나가 속한 카탈루냐는, 장기간에 걸친 격렬한 스페인 독립 전쟁 후 산업혁명이 급속도로 추진되고 있었다. 공업화로 경제 기반을 다지고 자치를 되찾으려는 민족의식으로 고양된 상태였다.

타지에서 노동자들이 끊이지 않고 대거 몰려들었다. 단기간에 성공을 거둔 자본가들은 욕심 많고 냉철했다. 노동자를 마음대로

착취하고 폭리를 취했다. 가톨릭교회와 절대주의의 스페인 정부는 그러한 자본가들을 더욱 우대했기 때문에 대중의 불만이 쌓여가고 있었다.

세정 감시를 위해 바르셀로나의 주거지구는 오래된 요새로 한정되어 있었기 때문에 급증한 노동자들은 다닥다닥 붙어 살았다. 비좁고, 바람이 안 통하고, 악취와 습기가 가득 찬 데다 빛이 들지 않아 역병이 만연했다. 인심은 흉악해지고 극악한 범죄가 횡행했다.

이대로는 경제 발전을 이룰 수 없을 지경에 이르고서야 1869년에 겨우 요새가 철거되었다. 이후 신도시 계획이 급속히 진행된다. 넓은 주거 공간과 도로, 녹지가 생긴 신생 바르셀로나에 민중은 환호했다. 거리는 희망과 의욕으로 충만했고, 되살아났다. 그곳에 에마누엘레 마우치가 발을 들여놓은 것이다.

1892년, 드디어 바르셀로나에 출판사를 열었다. '마우치 출판사 Casa Editorial Maucci'였다.

처음엔 스페인의 기존 출판사와 경쟁하며 고전을 면치 못했다. 그 와중에도 에마누엘레는 남미에 드나들며 멕시코에 서점과 출판사를 창업한다. 스페인에서 일어난 민족주의의 고양은 남미에까지 번져, 독립운동의 기운이 감도는 시기였다. 사람들은 새로운 세상을 알고 싶어한다. 미래의 지식을 찾고 있다. '읽고 싶다.'

서점은 무조건 성공한다고 에마누엘레는 확신하고 있었다.

지금까지 유럽에서의 고생은 남미의 예습이 되었다. 신구 대륙을 왕래하며 사람들이 무엇을 원하는지 피부로 느꼈을 것이다.

'꾸준히 현장의 소리를 듣고, 정성껏 응하는 일.'

도붓장수들이 오랜 경험에서 터득한 장사의 기본을 그도 엄수했다.

이윽고 멕시코의 서점과 출판사를 친척에게 맡기고 또다시 바르셀로나에 돌아와, 이번에는 출판업에 전력을 쏟는다. 종이의 질을 높이고 스페인어로 된 저렴한 책을 발행하기 시작했다. 고전이나 희귀본을 한 권 통째로 출판할 수 없어, 여러 권으로 나누어 얇고 가볍고 작은 판형의 책자를 고안해 시리즈로 만들어 출판했다. 혹은 대부분을 생략해 축소판으로 만들어 팔았다. 전단지를 인쇄하듯 매일 소책자를 출판했다. 그것은 비싼 고깃덩어리가 아니라, 작은 조각이나 간 고기 혹은 정육하고 남은 자투리 고기를 파는 것과 같았다. 날개 돋친 듯 팔렸다. 저렴한 책은 연간 100만 부가 넘는 부수를 기록했다.

"이민자인 에마누엘레는 경쟁에 이기기 위해 경제적으로 저변에 잠자고 있던 독자층을 겨냥해 새로운 책 만들기에 도전한 거예요."

성공으로 손에 쥔 자금으로 마드리드에도 거점을 개설하고 '아메리카 출판사Casa Editorial Amarica'라는 이름으로 스페인 출판계의 정점에 오른다.

진격은 멈출 줄 몰랐다. 이어서 에마누엘레는 『현모양처』나 『가정 의학』과 같은 일상생활과 직결된 책자를 출간한다. 이것도 폭발적으로 팔렸다.

그 기세를 몰아 고대 그리스와 고대 로마의 고전문학, 사상, 철학을 스페인어로 번역해 출판했다. 고전에서 생활 백과, 잡학 사전, 동시대의 유럽인, 에드몬도 데 아미치스나 기 드 모파상, 러시아 작가 레프 톨스토이 등의 작품에 염가본까지 폭넓은 층에 대응하는 책을 만들었다. 가브리엘레 단눈치오나 에밀 졸라와 같은 작가를 집으로 불러들여 장소를 제공하면서 수많은 작품을 집필하는 데 도움을 주었다. 원고가 완성되면 바로 스페인어로 번역해 남미에서 동시 출간했다. 출판사도 인쇄소도 서점도 판매망도 남미로 이주해 혼자 힘으로 이루고, 친척을 고용해 직계 루트를 활용했다.

"마드리드 지사는 약 4000제곱미터나 되었고 그곳에는 편집에서 장정, 인쇄, 제본까지 책을 만드는 공정을 견학하거나 체험할 기회도 제공하고 있었다고 해요."

1901년에 발행된 카탈로그에서는 저자 8명, 합계 300종에 불과

했던 간행 목록이, 1935년에는 저자 1000명에 약 2500종으로까지 확대되었다. 전성기인 1927년에는 매주 2만7000부를 간행했다는 기록이 남아 있다.

그 배경에는 1908년에 남미에서 최초로 인쇄 부문에 라이노타이프(영문 활자를 자동으로 한 줄이 하나의 블록을 형성하는 활판을 주조해서 식자하는 기계)를 도입해, 마치 호외를 인쇄하듯 책을 간행하는 설비를 갖춘 일이 있었다. 이러한 위업을 달성할 수 있었던 것은 에마누엘레가 기획력과 영업력에 더해 새로운 세대를 내다보는 선견지명도 갖춘 실업가였기 때문이다.

명실상부 스페인과 남미에서 출판업계의 정점을 찍었으나, 1937년 스페인 내전 중에 에마누엘레가 타계하자 마우치 출판 왕국은 순식간에 빛을 잃고, 산산이 흩어져 흔적도 없이 사라지고 만다.

"단눈치오를 집에 들이고 돌보다니, 에마누엘레에게는 사람을 끌어들이는 특별한 매력이 있었던가 봐요. 그는 죽기 전에 고향을 찾아와 가지고 간 은그릇에 마을의 흙을 담아 '내가 죽으면 이 흙을 섞어서 묻어주길 바란다'고 부탁한 모양이에요."

어린 나이에 책을 짊어지고, 바다를 건너고, 의지가지없는 몸으로 이국 사람들의 마음을 읽고, 언어를 전해온 그가 마지막에는 고향의 흙으로 돌아가길 원했다.

8월의 늦은 오후, 땅에 스며 있던 언어의 신비한 힘言靈이 훗훗한 풀냄새와 함께 올라온다. 각자의 집에서 점심 식사를 하거나 낮잠을 자고 나온 사람들이 골목을 따라 걷고, 서성이거나 광장에서 담소를 나눈다.

광장 한쪽 벽에 기대어 앉아 있는 무리가 있다. 여어, 하며 그중 한 명이 이쪽을 향해 손을 들었다. 두툼하고 큰 손, 눈꼬리, 이마, 입, 미간에 새겨진 깊은 주름. 강인한 인상의 그는 성에 사는 굴리엘모다.

"파라나 마을에는 우리 양하고 산양도 자주 풀을 먹이러 데려갔죠."

나는 마을에 들락거리며 무슨 일을 하고 있는지, 바위 그늘에 숨어 계속 듣고 있었다.

의자를 권하기에 옆에 앉는다. 가까이서 보니 험상궂게 보였던 눈은 투명한 하늘색이다. 겨울에 왔을 때 그의 집에서 만난 노파가

조금 떨어진 곳에서 사람들과 담소를 나누고 있는 것이 보였다. 부인도 건강하신 것 같아 좋네요, 했더니

"누나요, 어릴 때부터 줄곧 함께 살았소. 누난 미혼이죠. 저도 세뇨리노(아이, 미혼의 뜻)이고요. 올해로 일흔일곱 살이 되었어요."

드디어 순서가 왔다는 듯 자신 있게 스스로의 반평생과 마을 역사 사이를 종횡무진하는 이야기를 시작한다.

"할아버지가 시작한 식당을 아버지가 그리고 누나들과 제가 이어받았는데……."

바르를 쳐다보며 어깨를 늘어뜨린다.

옛날에는 2층에서 식당을 열고, 1층에서는 양과 산양, 소와 돼지를 길렀다고 한다. 가족은 3층에서 살았다. 굴리엘모는 군 복무 중에 미장일을 배웠는데 마을로 돌아와 제일 먼저 시작한 것이 식당의 개축이었다. 광장에서 편하게 들어올 수 있도록 식당을 1층으로 옮긴 것이다. 굴리엘모가 개축한 덕에 지금 바르의 모습으로 존재하는 것이리라.

바르이자 항구, 항구이자 관문이다. 그는 가게에서 은퇴한 지금도 그 그늘에 앉아 마을의 동정을 살피고 있다.

1954년에 마을까지 도로가 포장된 것을 계기로 굴리엘모는 미장공이 됐다. 많은 도붓장수처럼 형제들도 마을을 떠났지만, 그는 마을에 남았다. 집과 다리, 길과 탑과 문을 수리하고 남겨진 산과 숲과 가축을 돌봤다. 마을이 무너져 내리지 않게 몸을 바쳤다.

"오래 지켰죠. 그러다보니 벌써 이 나이가 됐어요."

웃는 얼굴이 주름투성이가 되어 늙은 코끼리 같다.

'다 받아주는 사람'이라는 호칭이 이탈리아어에 있다. 재주가 좋아 뭐든 잘하는 사람, 맡기면 안심할 수 있는 사람이라는 의미다.

하나의 바위 같은 굴리엘모가 마을을 지키고 있다. 가족을 두고 책을 팔러 가야 했던 마을 사람들은 얼마나 든든했을까.

그렇다면 누나가 식당을? 하고 물으니,

"저를 챙기는 일과 우편배달부를 했어요."

누나는 책을 파는 도붓장수들의 추억을 마을로 전달하는 사람이었고, 동생은 다 받아주는 사람이었다.

떠나는 사람이 있고, 남은 사람이 있다.

여름 축제에는 지난날의 향수가 모여 있다.

12

베네치아의
유랑책방

"저는 마을에 남았지만 다른 누나 한 명은 도붓장수와 결혼해 베네치아에서 서점을 열었어요."

바르의 처마 밑에 나란히 앉아 들려주던 이런저런 이야기가 끝나는가 싶더니, 굴리엘모가 갑자기 생각난 듯 이렇게 말했다.

내가 처음 마을을 방문하고 벌써 수개월이 지났다. 방문 이유는 마을 사람들이 모두 알 것이다. 친척 중에 도붓장수가 있었다는 걸 왜 지금까지 말하지 않았는지, 아이고.

"그게 아니고, 이 마을에선 유랑책방과 인연이 없는 사람이 없으니까."

당연히 알고 있을 거라 생각했다며 미안하다는 듯 몸을 움츠렸다.

"누나가 늙어서 서점에 있을 수 없으니까 조카가 뒤를 이었고, 수년 전까지 혼자서 운영해왔는데 조카도 이젠 나이가 들어서……."

굴리엘모로부터 조카의 연락처를 받아들고는 마음이 소급해진다.

서점은 베네치아 중심에 있었고 큐레이션이 훌륭했다고 한다. 그러나 베네치아에서 친해진 고서점 주인 알베르토도 같은 고향 사람이 하는 서점이 같은 구역에 하나 더 있다는 것을 지금껏 말해주지 않았다.

몬테레조 사람이 베네치아에서 서점을 했다잖아요…….

"아아, 브루노·타란톨라 말이군요?"

굴리엘모에게 이야기를 듣자마자 베네치아에 전화를 걸어 삐죽거리는 내게 서점 주인 알베르토는 이미 알고 있었다는 듯 대수롭지 않게 대답했다.

나는 일단 여름 축제를 뒤로하고 서둘러 베네치아로 향했다.

"서점 이야기를 하기엔 역시 이곳이 좋을 거야" 하면서 알베트로의 서점에서 만나기로 했다. 토요일 아침에 찾아가니 늙은 서점 주인이 책더미 사이에서 손을 흔들며 맞아주었다.

"아무튼 브루노 가족과는 우리 할아버지 대부터 친구 사이였죠."

그뿐만이 아니라는 듯 고개를 저으며,

"3대인가 4대까지 거슬러 올라가면 아무래도 우리는 혈연관계인 것 같아요."

하고 말을 바꿨다.

중세, 몬테레조를 포함한 산악 일대를 통치했던 영주, 마라스피나 가문이 생각난다. 종갓집에서 점점 떨어져 나와 일족의 자손이 퍼져나간다. 세력을 확대하기 위해서는 자손이 많은 것이 중요했다.

명가일수록 가문 종주의 이름을 후세가 계승하는 관습이 있다. 따라서 가문에는 동성동명이 반복되어 나타난다. 이름과 함께 생존 기간이 병기되어 있지 않으면 어느 대에 있었던 일인지 정확히 구별하기 어려웠다. 할아버지와 증조할아버지의 이름을 아이에게 세습하는 풍습은 몬테레조에서도 지금까지 건재하다.

공문서를 들여다보고 있으면 마을에는 몇 가족밖에 없었다고 착각될 정도로 이름이 몇 개 안 된다. 1858년에 발행된 통행증의 기록에 따르면 '돌과 책장수'를 생업으로 한 사람은 71명. 그 이름을 따로 추려보면 다음과 같다.

비아지니, 포골라, 가티, 겔피, 조반나치, 라자렐리, 로렌체리, 파올로치, 린프레스키, 타란톨라와 같은 이름들이 반복된다. 중복 기재된 게 아닐까 싶을 정도로 동성동명도 많다. 당시 베네치아에 있던 알베르토의 베르토니 일가는 '돌 장수'로 보고되어 있었으나, 실제로는 '책'도 팔러 다녔다고 한다. 같은 처지의 도붓장수는 주위에도 많았는데, 나중에 모두 책만 팔게 되었다.

성이 같은 사람들은 혈연관계냐고 마을 노인들에게 물어봤다.

"이 성씨는 1500년 후반부터 교회의 혼인이나 사망 기록에도 남아 있어요. 대대로 마을을 지켜온 오래된 집들이죠. 이 사람의 부인의 아버지가, 저쪽 사람의 8촌 형이죠. 그의 여동생이 시집간 곳의 형제 중에서 한 사람이 저쪽 조카하고 결혼했는데……."

설명은 끝없이 이어진다. 예전의 도붓장수들의 연고를 한바탕 설명했지만,

"끝이 없어요. 우리도 이젠 뭐가 어떻게 됐는지 잘 몰라요. 개중엔 책을 팔러 갔다가 그곳에서 만난 인연도 있죠. 마을 전체가 그냥 가족이라고 생각하면 돼요. 도붓장수들은 거슬러 올라가면 반드시 어딘가에서 인연이 있던 사람들이니까요."

도붓장수들의 유일한 보물은 책이었다. 손님을 불러모으는 재주도, 노천 시장이나 광장, 지나다 들은 정보, 잘 팔리는 책과 저자 이름도, 도붓장수들이 발품을 팔아 모은 장사 기밀이다. 마을은 대가족이다. 모두 정보를 공유하고 각자의 길을 따라 각지로 책을 날랐다. 가족이 함께 벌어서 다 같이 나눴다.

오래전 그곳의 영주가 대가족을 만들고, 모두에게 토지를 분할해 영지를 지켜온 것과 닮아 있다. 큰 나무가 뿌리를 내리고, 굵은 몸통에서 여러 갈래로 가지를 뻗어간다. 몬테레조 사람들의 족보를 따라가는 것은 책이 전해진 곳을 알게 되는 일이다. 그리고 각지에 생겨난 서점은 큰 나무에 열린 열매였다.

"할아버지가 몬테레조에서 태어나셨죠. 1800년 말경에는 먼저 일하고 있던 사람들을 따라 젊을 때부터 도붓장사를 떠났던 모양이에요."

알베르토의 아버지, 마리오가 이야기를 시작했다. 심한 베네치아 사투리로 들려주는 몬테레조의 이야기는 마을 사람들의 옛날이야기와는 사뭇 다른 맛이 느껴졌다. 조금 거리를 두고 이야기하는 이국의 위인전 같다.

1800년대, 유랑책방을 나선 마을 사람들은 최신 정보가 몰리는 북부 이탈리아의 도시에서 책을 팔면서 책 구입에 참고가 될까 싶어 사람들이 좋아하는 것을 조사했다.

이탈리아반도가 온통 자유에 굶주린 시대였다.

'혁명가 주세페 마치니에 대해 알고 싶다!'

독립주의자로도 알려진 정치가 마시모 다체글리오, 카를로 카타네오와 같은 이들의 정치사상을 정리해주는 인쇄물이 있으면 서로 사겠다고 싸웠다.

'책은 팔린다.'

"마을 도붓장수들의 후각은 뛰어났어요. 재빨리 그런 책자를 들여와 돌과 성화 밑에 숨기거나 혹은 재고 처분하는 책에 섞어 가져가서 각지의 혁명 분자에게 전하기 시작했죠."

나폴레옹의 세력권에 있을 때도 오스트리아의 통치하에 있을 때도, 시대의 지배자들은 이탈리아반도에 일어났던 독립을 요구하는 민중의 결기를 두려워했고, 고양되는 민족주의를 진압하려고 필사적이었다. 만약 독립운동가가 쓴 책들이 반포되면 불에 기름을 붓는 격이다. 일촉즉발의 상황 속에 이탈리아반도의 작은 국가들에서는 공안이 출판사나 서점, 매점을 빈번하게 검열했고 마음에 들지 않는 책은 무조건 몰수해갔다.

"미리 정해진 여정이 없는 유랑책방이고, 노상에서 책을 팔면서 이동하는 데다 머무는 곳도 일정치 않았죠. 연락할 방법이 없고 통행증에는 '돌 장수'라고 되어 있으니 임기응변에 강해 재빠른 이동

도 가능했어요. 입은 무겁고 구불구불한 산길에도 훤했어요. 그런 몬테레조의 도붓장수들은 금서를 운반하기에 적임자였죠."

문화의 밀매꾼인가.

유랑책방은 이탈리아의 역사를 저변에서 바꾼 것이다.

이탈리아반도를 통치하고 있던 오스트리아는 마을 도붓장수들을 '무엇보다 위험한 무기'로 보고 경계했다고 한다.

그렇다면 도붓장수들은 어디서 어떻게 '가장 잘 팔리는 책'을 구입했던 것일까.

스위스에 엘베티카Tipografia Elvetica라는 출판사가 있었다. 창설 당시부터 독립운동가들의 정치 이념을 비밀리에 인쇄해 '금서 출판사'라 불리며 잘 알려져 있었다. 이탈리아에 인접한 지리적 이점을 살려, 계속해서 금서를 인쇄해 북부 이탈리아 각지에 비밀리에 팔고 있었다. 몬테레조의 유랑책방 도붓장수들은 자신들의 정보망으로 그 출판사를 알게 되었고, 찾아가서 교섭하고 운반을 맡았다. 출판사는 도붓장수들의 과묵하고 강직한 성격과 근면한 태도, 모세혈관과 같은 운반 경로를 신뢰했다.

도붓장수가 고객에게 직접 전하는 일도 있었고 중간 업자를 매개로 하는 일도 있었다. 때로는 책을 받은 귀부인들이 치마폭에 책을 숨겨 상류사회의 살롱에 가져가기도 했다.

각지에서 기다리던 책은 정치나 사상 관련 서적뿐만이 아니었다. 과격한 애정 소설이나 마키아벨리, 볼테르도 인기가 많았다. 경계를 강화한 것은 오스트리아 공안만이 아니었다. 바티칸도 논리적인 문제가 있는 서적을 금지하고 엄격하게 단속했다. 그러나 금지할수록 더 읽고 싶어지는 법이다.

수요는 공급과 수단을 낳는다. 스위스가 금서 출판사였다면, 나폴리 왕국에서는 구간舊刊의 무단복제였다. 당당히 염가로 출판되어 시장에 돌기 시작한다. 엄청난 성황을 이룬다.

읽으면 안 되는 책, 손쉽게 구할 수 없는 책이 늘면 늘수록 유랑 책방은 바빠졌다. 처음엔 고객으로부터 의뢰받은 금서를 구입해 전했지만 점점 사정에 밝아지고 보는 눈이 생기자 자주적으로 위험한 책을 구입하게 된다. 이만한 적임자가 없었다.

결코 만만한 길은 아니었다. 가령 스위스 국경을 무사히 넘었다 손 치더라도 다음엔 각 도시, 국가의 삼엄한 검열이 기다리고 있다. 1855년에 도붓장수 루이지 포골라에게 발행된 통행허가증을 보면, 랑고바르드 베네토 왕국, 모데나 레조 공국, 교황령, 피에몬테 공국, 오스트리아 제국, 프랑스 제국, 벨기에 왕국, 스위스 연방, 코르시카 섬, 나폴리 왕국을 돌아다녔음을 알 수 있다.

한 해 전 이미 포골라는 중부 이탈리아의 안코나에서 서점을 열었는데, 모데나 레조 공국에 들어간 순간, 금서 소지 혐의로 서적을 모두 몰수당하고 구류된다. 참고로 몸에 지니고 있던 돈은 '각국의 화폐가 섞여 있었고, 총액은 46리라'였다고 기록되어 있다. 감자 1킬로그램이 30센트, 오버코트 한 벌에 9리라라는 당시의 가지로 환산하면 만만치 않은 벌이었다. 책 파는 일은 한마디로 고위험·고수익

장사였다.

 "할아버지는 유랑책방을 열었던 베네치아에서 사랑에 빠졌어요.
1909년에 아이(제 아버지죠)가 태어나자 할아버지와 할머니는 베네
치아에 살 집을 마련해요. 유랑책방은 먼 길을 떠나야 하고, 위험도
많았으니까요. 할아버지는 가족과 함께 살고 싶었을 거예요."

 하지만 간단히 서점을 열 수 있는 건 아니었다. 매일 아침, 건너
편 리도섬 해안에 유랑책방을 열고 책을 진열했다. 리도섬은 큰 외
딴섬이었다. '베네치아 국제 영화제'로도 알려졌지만, 예로부터 고급
호텔과 부유층이나 귀족들의 별장이 많았다. 동북쪽이 아드리아해
로 넓고 전망이 좋아서였을 것이다. 현지 주민들 사이에서도 가까운
해수욕장으로 인기가 많았고, 베네치아나 다른 섬에서도 많은 사람
이 찾아왔다. 해안에서 무엇을 할까. 수영을 하고 나서 일광욕을 하
며 책을 읽는다. 유랑책방에서 파는 책은 헌책이나 소책자다. 마을
한가운데에서 서점을 여는 것보다 수요는 리드 해안이 더 많았을
게 틀림없다.

 과연 물의 도시 베네치아였다. 비와 눈만이 아니라 홍수도 빈번
하다. 유랑책방을 열고 책을 진열해 팔다가 장사가 끝나면 다시 거
두어 물에서 밀리 떨어진 곳에 보관한다. 매일이 이러한 반복이었다.

 다른 도시에서는 일을 열심히 하면, 비를 피할 수 있는 회랑에
노점을 열도록 허가를 얻은 사람도 많았다. 그러나 베네치아에는 사
람이 많고, 노점을 열 수 있는 규모가 되는 회랑이라고는 산마르코

광장밖에 없다. 산마르코 광장의 회랑에는 천 년이 넘도록 이 도시의 역사를 지켜온 노포가 즐비하다. 베네치아 상권의 정점이라고 해도 좋을 곳이다. 도저히 헌책과 위험한 책이 들어설 여지는 없었다.

아무리 잘 팔린다고 해도 리도섬의 손님은 여름에 집중된다. 정주하는 상인이 1년 동안 안정된 매상을 올리기 위해서는 역시 베네치아로 가는 것이 과제였을 것이다.

"아버지 대가 되고서야 지금 장소에서 장사를 할 수 있는 터를 마련했어요."

지금의 가게 앞 골목에 일단 노점을 펼쳤다. 아카데미아 다리와 리알토 다리를 연결하는 길로 페니체 극장에서 산마르코 광장으로 가는 실과 가깝다. 상섬가에서 조금 들어간 막다른 골복에 있어, 중앙에 자리함에도 불구하고 조용하다. 가보면 조용히 책이 기다리고 있다. 어떻게 이토록 고서점에 잘 어울리는 곳을 손에 넣은 걸까.

"저는 책에 둘러싸여 자랐어요. 초등학교를 마치자마자 아버지 일을 돕기 시작했죠. 열세 살이었어요."

마리오는 먼 곳을 바라보는 듯한 눈으로 가게 안 책을 둘러본다.

"당시 이 주변은 아주 평범한 주택가였어요. 정육점이나 빵 가게, 청과물 가게, 일용 잡화점, 다양한 장인의 공방이 있었어요. 일상생활 속에서 책을 팔았던 거죠."

서점이 마리오의 학교였다. 세상의 모든 것은 책을 파는 아버지로부터 배웠다.

밤이 되면 유랑책방을 정리했다. 유일한 보물인 책에서 눈을 뗄 수는 없는 노릇이었다. 창고도, 달리 쌓아둘 만한 곳도 없던 도붓장수들은 모두 손수레 아래 들어가 노숙을 했다. 그러다가 추위를 견딜 수 없는 밤이 오면 몬테레조로 돌아가 겨울을 났던 것이다.

"그런 도붓장수들을 익히 알고 있던 아버지는 점포를 얻는 것이 꿈이었어요. 베네치아에서 가게를 연다는 것은 결코 쉬운 일이 아니죠. 아예 점포가 없어요."

지금 가게를 열고 있는 이곳은 그 무렵 배관공이 창고와 작업장을 겸해 쓰고 있었어요. 기록적인 홍수가 났던 1951년에 그 배관공은 공공사업에서 부정을 저지른 혐의로 잡혀갔어요. 얼마 후 가게를 내놓았고 아버지가 사기로 결심했죠. 가게 안은 비 피해로 엉망이었어요. 재고품도 녹이 슬어 도저히 팔 수 없을 정도였지만 다 떠안아야 한다는 게 조건이었어요. 부동산 가격에 밀린 부품 대금이나 전 가게 주인이 진 빚까지 떠안아야 한다는 거였죠. 당시 비슷한 점포의 임대료가 약 1~2만 리라였을 거예요. 아버지는 100만 리라에 이걸 샀어요.

비좁았어요. 50제곱미터가 될까 말까 했죠. 지금 점포의 절반 정도였어요. 아버지는 천장에 닿을 정도로 쌓인 대량의 녹슨 나사와 못, 공구나 잡동사니를 하나하나 처분하고 꼼꼼하게 가게 안을 말렸어요. 새로 태어난 가게에 아버지는 일단 헌책을 진열했어요."

진짜 자랑스러웠어요, 하고 마리오는 추억에 잠긴 눈으로 가게 안을 둘러봤다.

당시 벽을 사이에 두고 식당에서 쓰는 창고가 있었다. 오랜 시간을 들여 그 창고도 매입했다. 가게를 확장해 지금에 이른다.

1966년, 베네치아를 해발 190센티미터의 홍수가 덮쳤다. 전대미문의 참사였다. 대부분의 지역이 물에 잠겼다.

"아버지와 저는 사력을 다해 어떻게든 책을 지키려고 했는데……"

마리오는 고개를 숙이고 책 표지를 쓰다듬는다.

많은 가게나 공방이 폐업으로 이어졌고, 직장을 잃은 사람들은 베네치아에서 대륙으로 떠나고 말았다. 홍수로 모든 책을 잃고 서점은 백지로 돌아갔다.

"그 후 아버지는 두 번 다시 서점으로 돌아오지 못하고 세상을 뜨셨어요."

마리오가 서점을 물려받았다. 스물두 살이었다. 이듬해에는 아

들이 태어날 예정이었다. 현재의 가게 주인인 알베르토다.

"아펜니노산맥을 넘어 위험을 감수하고 책을 팔러 다닌 선대의 고생에 비하면 홍수 같은 건 아무것도 아니죠. 좋은 책을 염가로 제공해 조금이라도 많은 사람에게 읽히기를 바란 유랑책방의 정신을 저의 대에서 끊기게 할 수는 없었어요.

카를로 스카르파를 비롯한 건축가들, 베네치아대학을 기반으로 한 대학의 전통, 베네치아파를 배출한 '미술학교(아카데미아)', 페니체 극장이나 골도니 극장 등 우리 손님은 건축과 문학, 예술을 배우는 학생이나 연구자, 애호가들이에요. 이 셋을 특화시켜 큐레이션 테마로 삼았죠. '사회를 위하여!'라고 공산당은 외쳤지만, 그렇다면 저는 '사회를 위하여 원가의 반값으로 양서를 팔자!'고 결심했어요."

안녕하세요, 하고 초로의 남성이 가게 안으로 들어왔다. 브루노 타란톨라. 바위 같은 굴리엘모의 조카다. 한눈에도 호인으로 보인다. 마리오와 알베르토 부자에게 오랜만이군, 하며 인사하는데 세 사람 모두 책을 만지고 있다.

"어디서부터 이야기를 시작해야 할지."

브루노는 한참 생각하더니,

"시작은 할아버지, 할머니였어요. 할머니는 큰 장롱처럼 건장한 체구의 여성이었죠. 어떤 일에도 흔들림 없는 시원시원한 성격이었어요. 게다가 책에 대해 아는 게 많았고요. 할머니와 이야기를 하러 오는 손님이 많았답니다."

조부모는 몬테레조 출신으로 책을 파는 도붓장수였다. 양가 친척들 역시 책을 팔러 다녔다. 서로 겹치지 않도록 큰아버지는 저기, 아버지는 여기 하는 식으로 영역을 정해서 유랑책방을 열었다.

　"고생은 당연한 것이라 친척들이 모여도 서로 힘들다는 말은 하지 않았어요."

　처음엔 광주리를 짊어지고 걸어서 길을 떠났지만, 여유가 생기자 손수레로 바뀌고 나중엔 짐칸을 서가로 개조해 말이 끌고 다니게 되었다.

　"큰아버지는 말에게 수레를 끌게 했어요. 자랑거리인 말이긴 해도 몸집이 작은 농사용이었어요. 그런데 어느 날 우뚝 멈춰 서서 꿈쩍도 않더래요. 늦가을 밤이었는데 더 추워지기 전에 조금이라도 서둘러야 하는데 말은 꿈쩍을 안 하니, 난감해진 큰아버지는 말 배 아래에 불을 피워봤답니다. '깜짝 놀라 다시 걷겠지.' 그런데 말은 따뜻해서 기분이 좋았는지 오줌을 싸더래요. 덕분에 불도 꺼지고 말은 꿈쩍을 안 하고 아무튼 엄청 고생했다고 들었어요."

　브루노의 아버지는 사실 화가 지망생이었다. 일단 미술학교에 들어갔지만 책의 부름을 받았다.

　열일곱 살 때 가업을 물려받기로 결심한다.

　"혈기왕성했죠. 산마르코 광장에 즐비한 상점가에 창고를 두고, 그곳에서 매일 아침 책을 가져와 여기저기에서 유랑책방을 열고 책을 팔았어요. 헌책을 파는 고향 친구 베르토니와 겹치지 않도록 우리는 신간을 취급했지요. 아버지는 장사 수완이 좋았어요. 아마 사람 마음을 읽는 재주가 있었던 모양이에요. 사람 발길이 뜸한 서점에서 손님을 불러모아달라는 부탁을 받을 정도였어요. 평소 노천 시장에 익숙한 사람에게는 깔끔한 점포는 문턱이 높았지요. 특히 서점에는 '지식인이 가는 곳'이라는 인상이 있었으니까요."

그곳에서 브루노의 아버지는 광장에서 골목으로 좌판을 깔고 눈에 띄는 책을 펼쳐놓았다. 잘 팔리는 책의 정보는 마을 동료들로부터 이미 수집해놓은 상태였다. 손님이 신간을 문의하면 '그 책이라면 저쪽 서점에 있어요' 하고 손님을 유도했다. 때로는 손님이 좌판을 물색하면서 책을 따라 걸어가면 어느 사이엔가 그 서점 앞에 도착해 있게 만들었다.

"여름이 끝나면 신학기가 시작돼요. 광장에 서점이 모여 참고서나 교과서를 파는 것은 베네치아의 오래된 풍습이었고, 우리 유랑책방에게도 대목이었죠. 테마를 정해서 기술 관련 서적을 판 적도 있어요. 여성 독자들은 압도적으로 소설을 좋아하는 사람이 많았어요. 작정하고 달콤쌉싸래한 책만 판 적도 있어요. 광장은 작은 북 클럽이나 북페어 행사장 같았어요."

청과물 가게가 제철 과일과 채소를 진열해놓듯이 유랑책방도 유행하는 책을 큐레이션한 것이다.

잘 팔렸다. 크리스마스나 부활절에는 겨울을 나기 위해 몬테레조로 돌아와 있던 도붓장수들도 일손을 도우러 베네치아로 달려와줬다.

"저는 베네치아 건축대학에 다니면서 아버지를 돕고 있었는데 뒤를 이을 생각은 없었어요. 아버지는 노점과 점포를 구분해서 장사를 하고 계셨어요. 노점에서 서민 독자들의 요구 사항을 들어주고, 점포에서는 지식인들의 책을 팔았어요. 읽고 싶은 사람에게 빠짐없이 책을 전해주고 싶었기 때문이에요. 개성 있는 단골손님들이 끊이지 않았어요."

서점에 있으면 무대를 보고 있거나 단편집을 읽고 있는 것만 같았다.

그리고 1966년 홍수다.

"산루카 광장에 있던 가게로 서둘러 달려갔어요. 물은 점점 불어났어요. 어디가 땅인지 어디가 수로인지 분간할 수가 없었죠."

가게 문을 열고 브루노는 할 말을 잃었다.

아버지는 묵묵히 바닥에 쌓아두었던 책을 매대로 옮기고 있던 참이었다. 서가의 아랫단에서 책을 빼서 조금이라도 놓은 곳에 꽂으려고 했는데 서가는 이미 꽉 차 있었다. 닫아놓은 문틈으로 물은 가차 없이 가게 안으로 흘러들었고 무릎까지, 허벅지까지……

"결국 제 가슴께까지 물이 차올랐어요."

브루노의 아버지는 몸집이 작았다. 이대로라면 책과 함께 물에 빠져 죽을 것 같다. 아버지는 하늘을 보고 수면에서 얼굴을 내밀더니 가게 안쪽으로 들어가려고 했다.

"아버지 움직이지 마세요!"

아버지가 움직이면 물이 일렁이고, 어렵사리 위에 쌓아올린 책이 물에 젖기 때문이었다.

"그만하고 이제 피해야 해요."

산주리안 다리를 건너 집으로 향했는데, 다리 근처에서 아버지는 거의 목까지 물에 잠기고 말았다. 브루노가 아버지 손을 잡고 다리 위로 끌어올리자 겨우 살게 된 아버지는 소리 없이 울었다.

"그 와중에도 아버지는 우산을 쓰고 있었어요. 아주 고지식한 사람이었죠. 그것을 보고 피난하면서 울상을 짓던 외국인 관광객이 헛웃음을 짓더라고요……."

온 사방이 정전으로 캄캄했다. 브루노는 아버지를 집에 데려다주고 곧장 창고를 보러 다시 거리로 헤엄쳐 나왔다. 캄캄한 어둠 속에서 하늘에 난 건물 모양만을 의지해 앞으로 나아갔다.

물은 창고 입구 불과 몇 센티미터 앞까지 차오르고 있었다.

"어둠 속에 잠겨 먹색으로 빛나던 물은 뱀의 혓바닥 같았어요. 창고까지 집어삼켜지는가. 아연해진 눈앞에서 쥐가 헤엄치고 있었어요."

홍수 후에 브루노는 아버지 뒤를 이었다.

"베네치아에는 '기억을 지킨다'는 조례가 있어요."

마리오도 브루노도 물로부터 책을 지켜왔다.

도붓장수의 유일한 보물을.

13

다섯 사내가
시대를 열다

　멀리서 보면 하나같이 푸르고 아름다운 산이지만, 그리고 그 산이 밤나무 일색이라고는 하지만, 나무마다 무성하게 자란 이파리나 가지가 뻗은 모양은 제각각으로, 저마다의 짙고 연한 녹색으로 흔들리고 있다.

　성도 이름도 엇비슷해 본인도 모르는 어딘가에서 인척 관계로 맺어진 마을 사람들은, 다 함께 책을 짊어지고 북쪽을 향해 집을 나섰고, 도착한 곳에서 같은 신념으로 책을 팔았다. 마을은 하나의 덩어리로 보인다. 그러나 도붓장수들은 각자 단골손님을 기다리고 그 한 사람 한 사람에게 직접 책을 건네 팔아왔다. 몬테레조 마을 사람들 수만큼 유랑책방이 생겨났고 유랑책방의 수보다 몇백, 몇천, 몇만 배의 책이 전해져 읽혔다.

　바람에 스치는 건 나뭇가지에 달린 잎사귀만이 아니다. 나무 아래 낙엽이 조용히 모이고 낙엽은 뿌리를 따뜻하게 감싸다가 이윽고 땅으로 돌아간다. 그것은 책장이 한 장씩 쌓여 책이 되고, 읽은 이의 마음을 따뜻하게 감싸 자양분이 되어가는 것과 마찬가지다.

"어디를 봐도 쓰여 있는 이야기는 다 비슷비슷한 내용이었지만요."

선대에 대해 묻자, 마을 사람들은 웃으며 어깨를 들썩인다.

타인에게 의견을 강요하지 않지만 새로운 정보에는 항상 귀를 열고 있다. 물어볼 때까지 입을 다물고 있다. 분수를 알고 있다. 신념을 꺾지는 않지만 기민하게 행동한다. 자신의 힘만을 믿는다. 항상 초연하다.

책이나 손님에게는 신뢰할 수 있는 친구였다.

밀라노의 노포 출판사 봄피아니의 창립자 발렌티노 봄피아니는 기회가 있을 때마다 말하곤 했다.

"몬테레조의 도붓장수들에게 책을 산다는 것은 독립으로 가는 첫걸음을 뗀 것이었다."

이탈리아의 독립운동만을 가리키는 것이 아니라, 한 사람의 어른으로서 자아에 눈을 떴다는 의미도 포함해 말한 게 틀림없다.

푸른 하늘 아래 자유롭게 고른 한 권을 펼쳐보면 책장 사이에서 그윽한 향기가 은은하게 풍겨온다. 신간의 새콤한 잉크 냄새는 풋풋하다. 도붓장수는 유랑책방 구석에서 조용히 기다리고 있다. 손님이 뭔가 찾는 듯하면 '어떤 걸 원하시죠?' 하고 눈빛으로 묻는다.

책을 고르는 일은 여행의 차표를 손에 쥐는 것과 같다. 도붓장수는 역무원이며 도시락 판매원이고 안내원이자 운전수이기도 하다.

봄피아니는 다양한 행선지로 가는 차표를 만드는 사람이었다. 출판인에게 몬테레조 마을 사람들은 신뢰할 수 있는 동료였을 것이다.

같은 시기에 이탈리아에서는 출판사가 속속 탄생한다. 출판인들은 어떻게 느끼고 있었을까.

밀라노의 리촐리Rizzoli 출판사 창립자 안젤로 리촐리는 가장 먼저 도붓장수들에게 원고를 읽게 하고 책을 낼지를 결정했다고 한다.

"잘 팔리는 책을 알아보는 능력은 놀라웠죠. 다른 무엇보다 확실한 지표였어요."

몬다도리Mondadori 출판사의 창설자 아놀도 몬다도리는 매일 아침 밀라노 광장에서 열리는 유랑책방을 직접 찾아가 자사의 신간을 몇 권씩 맡기고, 밤에 다시 찾아가 팔린 상황을 조사했다.

유랑책방이 서는 장터나 회랑으로만 도붓장수들을 찾아가는 것이 아니었다. 도붓장사를 끝내고 모두가 귀향하는 겨울이 오면 밀라노나 토리노, 볼로냐, 피렌체에서 몬테레조로 출판인들이 연이어 찾아와 식탁에 둘러앉아 춤을 추기도 했다. 마을이 모두 함께 환대했고 그 자리에서 이듬해 장사에 대해 의논하거나 이탈리아 각지의 손님들의 반응을 듣고 신간 기획에 참고하기도 했다.

책을 만져보기만 해도 '이 책은 안 팔리겠군' '완성도가 높아' '분명 히트할 것'이라며 읽지도 않고 맞히는 도붓장수도 있었다. 마치 책의 운명을 점치려는 듯, 어떻게 하면 팔릴까, 비결을 들으러 출판인들이 끊임없이 찾아왔다.

"팔리는 책은 책장을 넘길 때 손끝에 전해지는 감촉과 문자 배열, 잉크 색, 표지 장정의 취향이라는 요소가 안정되어 있는 것이죠. '그 출판사 책이라면' 하고 손님이 한눈에 품격을 알아보는 것이 중요하지 않겠어요?"

가장 먼저 종이와 여백의 중요성을 들었다.

책을 알아보는 능력은 학교에서 배워서 알 수 있는 게 아니다. 부모에게서 자식으로, 자식에게서 손자로, 책을 짊어지고 다니며 자연스레 몸에 익은 재주였다.

"안타깝게도 모든 책을 다 구입할 수는 없지요. 책방은 팔리는 책을 선별해야만 해요. 책을 고르고 있자면 행복한 기분에 젖어들어요. 그래서 선택한 책은 정성껏 팔아야겠다는 생각이 들지요."

50년 전 설문 조사에 응한 도붓장수 한 사람이 대답했다.

그 사람은 린프레스키 일가의 한 사람이다. 그는 돌을 나르다가 책을 파는 도붓장수가 되었고, 유랑책방에서 서점으로 마침내 마을의 도붓장수들과 1908년에 회사를 설립하기에 이른다. '폰트레몰리의 책방 출판사Società Editrice Libraria Pontremolese'로 장소는 피아첸차였다. 중세에 마라스피나 가문이 통치하고 마을 사람들이 농사일을 하러 갔던 풍요로운 지방 도시다.

베르토니, 두 명의 타란톨라, 겔피, 린프레스키 이렇게 다섯 명이 조직을 만들어 공동으로 운영했다. 누가 어느 타란톨라고, 과연 베르토니는 그 베네치아의 친척인가 하는 문제는 그다지 중요하지 않다. 중요한 것은 전원이 대대로 산을 넘어 책을 팔아왔다는 사실이다.

다섯 명이 모이면 자금 마련도 한결 쉬워진다. 책 구입의 불안도 해소된다. 출판사가 모여 있는 밀라노나 토리노, 볼로냐로 이동이 편한 지점에 회사를 설립해, 책을 한곳에 모아서 각지로 장사를 떠나기 위한 결집 장소를 만든 것이다. 책 구입부터 배본, 재고 관리 시스템을 만들고, 동업자들뿐 아니라 이탈리아 전역에 나타나기 시작한 유랑책방에 도매도 시작했다. 다시 말해 이탈리아 최초의 도매상 탄생이었다.

다섯 집안은 수대에 걸쳐 북부 이탈리아에서부터 프랑스, 스위스를 구석구석 찾아다니며 책을 팔았다. 중앙이 아닌 지방을, 때로는 불특정 다수의 대중뿐 아니라 눈앞에 있는 개인도 빠트리지 않고 챙기는 여정이었다. 몬테레조 사람들에게 있어서 책은 먹고살기 위한 수단만이 아니었다. 이탈리아 민족의 호기심의 방향을 예견하는 망원경이기도 했다.

발품을 팔아 모은 독자들의 소리를, 책을 구입하러 간 출판사에다 상세하게 전했다. 당시의 출판사들이 시장의 세세한 움직임을 읽고 책을 펴낼 수 있었던 것은 한편으론 유랑책방의 도붓장수들 덕분이었다.

"몬테레조에 맡기면 된다."

모든 출판사가 신간을 포함해 신용 거래를 하게 된다.

"나중에 팔린 만큼만 주면 되니까."

위탁판매의 시작이었다. 베네치아의 가게 주인이 필요한 책이 너무 많아 고민인 내게 "집에 가져가서 천천히 고르세요"라며 대금을 받지 않았던 것을 떠올렸다.

유랑책방의 삶은 앞을 내다볼 수 없다. 오늘 벌면 오늘 밥값이다. 장사를 크게 하고 싶어도 자금 마련에 곤란을 겪는다. 출판사의 방침으로 구입하는 데 드는 비용이 '신용'만으로 해결된다니, 마을 사람들은 위탁받은 책을 더욱 소중히 나르고, 또 팔았다. 공들여 키운 자식을 떠나보내는 심정으로 소중히 책을 팔았다.

"책방을 하다 보면 알게 모르게 많은 걸 배워요. 지식만이 아니에요. 신용을 얻는 일, 누구에게나 예의 바르고 친절하게 대하는 일. 책을 파는 일은 삶의 기본이에요. 가족이 경영하는 고된 장사죠. 대형 서점이 선전 전단지를 돌리는 장사와는 달라요. 책을 큰 종이에 인쇄해 접어서 만들던 시대에는, 접힌 면을 잘라서 바로 읽을 수 있게 만들어 손님에게 드렸어요. 그러한 아주 작은 정성 하나에 손님은 만족했고 다시 와줬지요."

타란톨라 일가의 한 사람이 답했다.

출판사에서 태어난 아이들을 책방이 맡았다가 손님께 보낸다. 바로 떠나는 아이가 있는가 하면, 좀처럼 떠나지 못하는 아이도 있다. 광주리에 넣고 짊어지고 다닐 때처럼 맡은 책은 곁에 두고 지켜

본다.

마을에서는 책을 팔던 도붓장수들의 아이들을 두고 '책 광주리에서 태어나 자랐다'고 말한다. 많은 어머니가 갓난아이를 데리고 남편과 함께 책을 팔러 다녔기 때문이다.

"빵과 책을 먹고 자란 것이나 다름없죠. 부모님은 밥을 먹을 때도 인기 작가들의 신작이나 미회수한 대금에 대한 이야기를 나눴으니까요."

도붓장수 한 사람은 회상한다.

잘 때도 일어날 때도 책이 있었다. 책을 읽는 것이 좋아서 선택한 길이 아니라, 책을 기다리는 사람을 위해 책방을 하게 됐다. 마을 사람들은 책을 전하는 장인이었다.

유랑책방이든 서점이든 그들은 아침 일찍부터 밤늦게까지 일했다. 손님이 원하는 곳이라면 반드시 책방이 기다리고 있었다.

"1905년, 볼로냐에서 아버지는 가게를 열었어요. 매일 심야까지 문을 열고 계셨죠. 공연이 막을 내리면 마차를 타고 손님들이 가게에 꼭 들러주셨어요."

손님들이 무대의 여운을 즐기며 감상을 주고받기 시작하면서, 심야의 책방은 순식간에 살롱이 되었다. 책방을 매개로 손님들끼리도 교류가 생겨났다. 동시대의 독일이나 영국에 존재했던 '독서 클럽'과는 다른, 몬테레조 출신 책방 주인들 주위에서 자연적으로 발생한 자유로운 모임이었다.

"단골손님들로부터 휴가 때 초대받고는 부모님이 온천에 가셨던 일이 있어요. 물론 책도 가져갔지요. 그러고는 기어코 온천장에서까지 유랑책방을 열었다고 합니다. 결국 온천탕에 한 번도 들어가 즐기지 못하고 열심히 책을 팔았다고요."

근면한 태도에 출판인들은 감동했다. 봄피아나나 리촐리, 몬다도리로 시작해서 베티나 사서출판의 징가렐리 등 많은 출판사의 사장들이 직접 몬테레조를 찾아왔다.

"원하는 가격에 팔아주시오."

이들은 판매가를 설정하고 차익을 남기는 일까지 모두 마을 도붓장수들의 재량에 맡기게 되었다.

신용은 또 다른 신용을 낳는다. 이렇게 차츰 다섯 명의 회사는 출판업계의 정보가 모이는 곳이 되어 있었다.

19세기 중엽, 이탈리아 왕국이 탄생하고 의무교육제도가 정착되면서 글을 아는 사람이 갑자기 늘어난 무렵이었다. 문자는 사람의 기분을 나타낸다. 지금껏 보이지 않았던 것이 이해할 수 있는 게 된 것이다.

'수동적이었던 인생도 어떻게 하느냐에 따라 운명을 바꿀 수 있을지도 모른다!'

책은 어둠 속 촛불이었고 험한 파도 너머로 보이는 등대였다.

출판의 새벽이 밝아왔다.

단테가 있었다면 함성을 질렀을 것이다.

책은 잘 팔렸다. 오랜 굶주림을 채우기 위해 온갖 종류의 책들이

출판되었다. 전쟁에서 또 다른 전쟁으로. 결코 평온하다 할 수 없는 정세가 계속되는 속에, 어쩌면 그래서 사람들은 더더욱 책을 원했던 것이 아닐까. 한 권만 있으면 과거로든 미래로든 여행을 떠날 수 있다. 조용히 곁에서 함께해준다.

'병사들에게 한 권의 책을!'

몬테레조 도붓장수들은 유랑책방에 현수막을 걸었다.

일반으로 확산된 책에 대한 관심을 이용해 민중의 마음을 고양시켜 하나로 모으자, 라며 파시스트당은 각지에서 열린 집회에서 '책 팔기 콩쿠르'를 개최했다. 몬테레조 도붓장수들이 최우수상을 수상해 화제를 불러일으켰다.

나폴리와 밀라노, 피렌체의 국립대학에서는 서점 경영에 대한 강의가 개설되었다. 다양한 직업에 계통을 세우기 위해 파시스트당이 고안한 것이다. 책을 파는 일이 세상의 주목을 받는다. 마을 도붓장수들도 열심히 수강했다. 수강 후에 바로 볼로냐에 고서적 전문점을 열어 크게 성공한 마을 사람도 있었다.

전쟁 중에 헌병들이 출판사나 작가, 서점을 돌며 시세를 어지럽히는 자와 인쇄물을 샅샅이 뒤졌다.

"갑작스레 들이닥쳐서는 책을 몰수해갔어요. 일단 빼앗기면 다신 찾을 수 없었죠. 다 날리는 거죠. 게다가 투옥돼요. 그래도 우리는 위험한 책을 숨겨놓고 신뢰할 수 있는 손님한테 몰래 팔았어요. 금서는 고가에 팔렸기 때문이죠. 금서로 판단하는 기준은 모호했지만 미국이나 영국, 유대인 작가의 책은 두말할 것 없이 몰수당했어요.

포르노 책도 취급했어요. 헌병들이 찾으니까요. 그들이 오면 '그림 들어왔어요' 하고 속삭이죠. 금서 검열을 하러 와서는 실제로는 '그림'을 들고는 정신없이 보다가 반드시 사서 돌아갔어요. 물론 책값도 받았죠. 금서 검열인이 금서를 사서 간 거예요. 오늘따라 유난히 검열이 더 길어진다 싶어 보면 헌병이 닥치는 대로 책을 뒤지고 있어요. 슬쩍 '그림'을 내밀죠. 위험하지만 돈은 됐으니까요."

전쟁의 화염 속에서 유랑하며 책을 파는 일은 때로 목숨을 걸어야 했다. 가족을 데리고 유랑하는 사람도 많았다. 그러나 안정을 찾아 공장에서 일하려 해도 파시스트 당원이 될 것을 강요당했다.

'장사라면 입당하지 않아도 일할 수 있다.' 마을 사람들은 책 파는 도붓장수를 계속했다. 체제에 들러붙어 얻는 안정보다 개인의 자유를 선택한 것이었다.

점점 더 위험한 상황이 되자 많은 도붓장수가 귀향하지 않으면 안 되었다. 대대로 이어온 가업을 접는 일은 몹시 괴로웠을 것이다.

"인생의 막을 내린 것 같았어요. 하지만 그 결과 몬테레조는 활기를 되찾았지요."

마을로 돌아온 도붓장수들은 낡은 집을 수리했고, 마을이 되살아났다.

피아첸차의 다섯 남자는 출판과 서점이 시류를 타게 되자 각자 독립해 출판업과 서점 경영으로 이행했다. 린프레스키 일가는 피아첸차시에서 '라르테 보도니아나 출판Casa Editrice L'arte Bodoniana'을, 베르토니 일가도 파르마시에서 출판업을, 두 타란톨라 일가는 피아첸차시에서 모체를 인수, 겔피 일가는 피아첸차시와 크레모나시에서 16명의 아이에게 서점을 경영하게 해 실질적인 체인점을 개업했다. 안타깝게도 전쟁으로 입은 피해는 컸고, 모두 점점 쇠퇴하다가 마침내 폐업. 이후 재기하는 일은 없었다.

그러나 세기말에 출판 기획부터 판로, 유통의 구조를 만들어내고, 새로운 서점 경영의 기초를 정리한 다섯 명의 공적은 크다 할 수 있다. 신생 이탈리아를 책으로 지원했다. 새로운 길을 열어 차세대에게 임무를 넘겨준 것이다.

14

마을과 책과
유랑책방 상

밀라노에서 차를 끌고 노바라로 향한다. 자동차 산업의 중심인 피에몬테주의 주도州都 토리노로 가는 길 중간에 위치한다. 또한 리구리아해의 항만도시 제노바와 스위스를 연결하는 지점이기도 하다. 산과 바다가 교차하는 지역이다. 고대 로마가 만들었다. 영토 확장 공략의 천재들이 이 땅의 이점을 그냥 지나쳤을 리 없다.

현재 밀라노와 제노바, 토리노는 북부 이탈리아의 '황금 트라이앵글'로 불린다. '현대 산업의 3대 주요 거점'이라는 의미인데, 이런 이름이 붙게 된 것은 고대로부터 줄곧 온갖 흐름의 중심으로 존재했기 때문이다. 노바라를 손에 넣는 것은 각 시대 통치자들의 영원한 꿈이었다.

"지금도 노바라에서 영업하고 있는 몬테레조 직계 서점이 있어요."

여름 책 축제에서 그 일가를 소개받고 서점을 찾아가보기로 했다.

로베르토와는 노바라의 서점 앞에서 만나기로 했다. '라자렐리 서점.' 그는 3대째였는데 서점에서는 일하지 않고 밀라노에서 책과는 상관없는 회사에 다니고 있다고 한다. 차로 한 시간 정도라고는 해도 매일 통근하는 일은 힘들 것이다.

"이동하는 건 전혀 힘들지 않아요."

대수롭지 않게 대답한다. 역시 도붓장수의 피다.

주도 토리노에 이어 피에몬테주에선 두 번째로 큰 도시인데, 도시의 분주함과는 거리가 먼 느긋한 풍경이다.

한여름에는 밤 9시가 다 되도록 밝다. 구시가지는 차량 통제 구역이다. 일이 끝나면 식전주를 마시며 담소를 나누거나, 저녁 바람을 쐬러 산책을 하거나. 잘 정돈된 돌바닥 광장을 지나 서점이 있는 중앙로로 간다.

삼삼오오, 길 가는 사람들에게서 온화한 기품이 흐른다. 시간에

쫓기듯 살아가는 밀라노에서 온 사람은 위화감을 느낄 정도로 느긋한 풍경이다. 나이든 주민이 많아서일까, 하고 둘러보니 그 정도는 아니다. 오히려 광장이나 거리에 놓인 테이블에 모여 있는 사람들 중에는 젊은이가 많다.

서점이 어디냐고 물어보면 어떤 표정을 지을까 궁금해서, 장소는 알고 있었지만 지나는 사람에게 길을 물어본다.

"마을 한가운데 있어요. 마침 저도 가는 길이니."

장을 보고 돌아가는 듯한 40대 전후의 여성이 데려다준단다.

한적한 큰길을 걸어간다. 곧장 뻗어 있다. 잘 정돈된 아름다운 건물들은, 1층 부분은 볼트 양식(아치형 지붕)의 높은 천장이 이어진 회랑이다. 로마 제국 시대에 발전했던 건축 양식이다. 회랑을 걷다 보면 현대에서 근대, 근세, 중세, 고대로 한 발씩 시간을 거슬러 올라가는 느낌이 든다. 토리노나 볼로냐, 파도바의 거리를 방불케 한다.

멀리 서점이 보인다.

"노바라에서 태어나 자라고, 직장도 여기이고 결혼도 여기서 했어요. 어릴 적부터의 버릇인데 책을 살 때가 아니더라도, 조금 돌아가는 길이지만 반드시 라자렐리 씨 가게를 지나서 집으로 가요."

회랑 끝에 산이 보인다. 아아, 책. 책.

스틸로 만든 서가는 따로 주문한 것인가보다. 회랑의 길 쪽에 그리고 서점 벽을 따라 모퉁이를 돌아선 곳까지 이어져 있다. 마치 연결 차량 같다. 서점을 밖에서 지키려는 듯 수위의 경치와도 잘 어울린다.

데려다준 여성은 서가 앞에 멈춰서더니 책을 훑어보고는 서점 안을 향해 가볍게 목례를 했고, 우리는 거기서 헤어졌다.

서가 앞 매대에는 책들이 표지를 보이며 세 줄로 늘어서 있다. 서가마다 분야가 다르다. 잡지도 있다. 모두 헌책이다. 젊은 남자 점원이 회랑을 오가며 카트에 산더미같이 쌓인 책을 꽂고 순서를 바꾸며 정리하고 있다. 섬 사이를 작은 배로 오가며 필수품을 실어 나르는 뱃사람 같아 보였다.

'향토'라는 분류 카드가 붙어 있는 서가를 본다.

『18세기의 예절 관습』

『노바라의 역사』

『향토 요리』

『영화 「애정의 쌀Riso Amaro」』

『건축사』

……

똑같다. 베네치아의 헌책방과.

문득 시선을 들어 보니, 좀 전의 점원이 '필요한 거라도?' 하며 몇 미터 떨어진 곳에서 눈을 맞춘다.

똑같다.

내가 온다는 사실을 서점 직원들도 알고 있는 게 틀림없다. 하지만 점원은 불필요한 말은 한마디도 하지 않는다.

처음 왔어요. 노바라와 '라자렐리 서점'의 역사를 알고 싶은데……. 이번 주는 어떤 책이 잘 팔렸는지? 그리고 서점 직원 청년,

당신이 지금 읽고 있는 책은?

젊은 서점 직원은 기다렸다는 표정으로 "책은 나중에 천천히 안내해드리죠. 기다리시는 동안 선대가 처음 이 서점을 열었던 때를 봐주세요" 하며 건너편을 가리켰다.

두 동의 건물 사이에 터널처럼 통로가 있었고 빠져나가면 광장 같은 공간이 나왔다. 사방을 건물이 둘러싸고 있어 마치 중정 같다. 철제 테두리에 유리를 끼워넣은 지붕이 절반쯤 덮여 있어 근사한 온실 같다.

건물 기둥에 놋쇠로 만든 기념비가 걸려 있다.

노바라시의 이정표 아래에 다음과 같이 새겨져 있다.

오타비오 라자렐리를 추모하며
1921년 11월 1일 베르첼리 — 1986년 8월 31일 노바라
노바라의 서점
'유랑책방 상' 제정자

로베르토의 아버지다.

'유랑책방 상' 창설에 관여했구나⋯⋯.

처음 몬테레조 마을을 방문했을 때 산기슭 외딴길에서 헤밍웨이와 만난 일을 떠올린다. '어째서 이런 산골싸기에 대문호가?' 그 산기슭 마을 폰트레몰리에서 매년 여름 '유랑책방 상Premio Bancarella'의

수상식이 열린다는 것을 알았다. 제1회 수상작이 『노인과 바다』였기 때문에(노벨상보다 먼저 이탈리아에서 '유랑책방 상'을 수상했다) 지역의 관광 안내판에 헤밍웨이가 있었던 것이다.

이탈리아에서 간행된 책 중에서 분야와 상관없이 번역서도 포함해 서점들이 가장 잘 팔리는 좋은 책을 보고해서 정한다. 문예평론가는 물론이고 작가도, 기자도, 출판인도 관여하지 않는, 서점들만 모여 선출하는 문학상이다. 1953년에 생긴 이래 줄곧 이탈리아의 '읽는다는 것'과 '쓴다는 것'을 지탱해왔다.

상이 생긴 계기는 1952년에 도붓장수와 각지에서 서점을 열고 있던 마을 사람들이 모여 개최한 '책방주간Settimana del Libraio'이다.

"책이 있어서 태어날 수 있었다Carmina non dant panem."

시詩는 빵을 주지 않는다고 하는 옛 속담을 도붓장수들이 뒤집은 것이다. 책에 대한 감사제를 열게 된 것이다.

넉넉한 구입 자금이 없었던 마을 도붓장수들은 몰락한 귀족이나 출판사의 재고, 폐업한 서점이나 폐쇄된 수도원을 찾아다니며 책을 사들였고 새 생명을 불어넣었다.

온 나라 안의 아름다운 광장에 유랑책방을 열고, 여러 사람의 손을 거쳐온 경험이 많은 책을 누구든 살 수 있도록 염가로 팔았다. 문화의 선물 상자를 판 것이다.

당시 이탈리아의 인기 작가가 '책방주간'에 참가할 뜻을 밝히자 곧바로 '이탈리아 저자·문필가연합Unione Nazionale degli Autori e

Scrittori'도 "이 두메산골에서 책은 태어나고 자랐어요. 출판 관계자들은 부디 책의 마을을 방문해주세요!"라며 '책방주간'의 개최에 맞춰 산마을을 찾아줄 것을 호소했다. 각 신문이 일제히 보도하자 훗날 수상으로 취임한 줄리오 안드레오티도 참가를 표명해 세간을 떠들썩하게 만들었다.

대성황을 이루며 맞이한 대망의 1952년 8월 10일은 뜨겁게 달아올랐다.

세계 각지에서 두메산골 출신의 서점 주인이나 유랑책방 도붓장수, 작가, 출판인과 책을 좋아하는 사람들이 몰려들었다. 멀리 책을 팔러 떠났다가 그대로 정착해 부모나 친지들과 오랫동안 만나지 못했던 마을 출신들도 많았다. 유랑책방 앞에서 모두가 얼싸안고 재회를 기뻐했다.

"마침내 꿈이 이루어졌어요. 작가와 책방이 결속했죠. 이 산에 모여 서로의 문제를 토론했어요. 저는 글을 쓰는 사람인데, 책을 쓰면 팔아야 하죠. 이렇게 멋진 책방이 있었기에 가능했어요."

참가한 작가 중 한 사람은 감개무량해서 마을 유랑책방 사람들에게 감사의 뜻을 전했다.

"그렇긴 해도 어떻게 이런 작은 마을에서 대대로 유랑하며 책을 팔 수 있었을까요. 여러분은 신기하지 않습니까? '자신이 믿고 있는 것을 세상에 전하고 싶다.' 마을 사람들에게 그것은 책이었습니다. 이 사람들은 분명 신에게 선택받은 특사입니다. '자, 길을 떠나라, 세상에 문화를 알리라' 하고요."

　책방 주인과 출판인은 호텔 식당에서 축배를 들며 견고한 결속을 남겼고, 앞으로 더욱더 책의 보급에 힘쓰자는 이야기를 나눴다. 연회에 참가한 사람들은 모두 호텔 이름이 찍힌 편지 봉투에 서명했다.

　"제1회 마을 책방이 모인 자리에서 가령 '유랑책방 상'과 같은 이름의 문학상을 만들 것을 제안합니다!"

　한자리에 있던 전원이 서명했다. 수많은 이름이 기쁜 듯 날아다녔다.

　그것은 단순한 동의서라기보다 고락을 함께한 동료가 재회를 축하하는 글이었고, 선조에게 바치는 보고였으며, 미래를 향한 격려이자 역사적인 순간에 함께 있었다는 유랑책방 인생의 증거이기도 했을 것이다.

　이듬해 1953년에 '유랑책방 상'이 탄생했다. 이 상은 탄생한 이래 계속해서 업계의 정치적인 의도와는 먼, 순수하고 정직한 평가로 국내외의 책을 좋아하는 사람들로부터 신뢰를 받고 있다.

　여기에 하나 더 보태자면 그 상금이다. 창설 당시에 등기된 규범에 따르면 "수상작을 적어도 2000부 이상은 실행 위원이 구매해 그중 절반은 형무소나 병원, 빈곤자 지원소 등의 도서관에 기증할 것. 나머지 반은 전국의 유랑책방 사람들에게 배본해 널리 알릴 것"이라고 기재되어 있다.

　참고로 2000부가 아니라 수만 부가 넘게 팔린 수상 작품도 많고, 저자와 출판사는 물론 책방에도 큰 이익을 안겨주고 있다.

　상은 작품이 그 대상이다. 수상 작가가 다른 작품으로 또다시 수상할 수도 있지만 수상 후 5년간은 후보에서 제외된다.

　수상 작품의 목록(288쪽 부록 참조)은 장르를 가리지 않으며 픽션, 논픽션의 경계를 넘어 마치 유랑책방에 산처럼 쌓인 책더미 그 자체였다. 그저 단순한 산들이 아니다. 이탈리아의 대중문화와 출판의 역사를 나열하고 검증할 수 있는 유일한 기록이다. 대자본이 위에서 아래를 향해 만드는 흐름과는 다르다. 가장 밑바닥에서 솟아오르는 대중의 목소리가 들려온다. 잊힌 이탈리아의 기록이며 미지를 향한 나침판이다.

"오래 기다리셨습니다."

로베르토는 몬테레조의 책 축제에서는 광장 앞에 큰 유랑책방을 열고 밤늦게까지 손님과 관계자들을 상대했다. 장사꾼보다는 도서관에 더 어울릴 것 같은 분위기를 풍기는 온화한 50대다.

"아버지가 1호점을 열었던 곳도 보셨군요."

서점에 들어가려는데 문득 바로 옆에 있는 큰 극장이 눈에 들어왔다.

"우리 가게는 예전에 극장에 딸린 대기실 살롱이었어요."

아, 그랬구나. 그래서 가게의 높은 천장에 서점에는 안 어울리는 옛날 호화 샹들리에가 달려 있었던 것이군.

가게 안은 모두 신간이다. 극장이던 시절의 탁 트인 천장과 나선 계단을 잘 살려, 호화스러운 분위기가 난다. 중간층이 마련돼 있어 아래를 볼 수 있도록 난간이 설치되어 있다. 높은 천장에 닿을락 말락 빈틈없이 책이 꽂혀 있다.

1층 벽엔 돌출된 부분에 맞춰 긴 서가가 설치되어 있다. 서가와 서가 사이의 좁은 공간에 들어간다. 오랜만에 만나는 친구와 서점 구석에서 비밀 이야기라도 나누는 기분이다. 어린이 책 서가 앞 작은 의자에 진을 치고 앉아 입체 그림책을 만지작거리는 어린 남매가

있다. 가게 안에서 데이트를 즐기는 젊은 커플도 보인다.

서점은 거리의 연장이고, 주민들의 거실이나 서재 같은 것이리라. 손님들은 하나같이 편안해 보인다. 좀 전에 밖에서 이야기를 나눈 청년이 서점 안에 있던 동료에게 눈짓을 보내자,

"7월에 막 발표된 '스트레가 상'(이탈리아 소설에 수여하는 문학상)을 추천할게요. 하지만 일부러 여기까지 와주셨으니 역시 '유랑책방 상'이겠죠?"

명확하고 친근하면서도 조심스런 말투에 빠져든다. 이 사람이 권하는 대로 다양한 책을 읽어보고 싶다는 생각이 절로 든다. 로베르토는 옆에서 끼어들지 않고 잠자코 고개를 끄덕인다.

"책과 함께 기다리고 있을게요. 조금씩, 천천히 즐기세요."

여러 권의 향토 관련 헌책을 가득 안고 있는 나를 보며 나직하게 말했다.

"조금 걸을까요?"

땅거미가 내려앉은 노바라를 로베르토와 걷는다. 때로는 밀라노에, 또 어느 때는 토리노에, 오스트리아나 프랑스, 사르데냐에, 노바라는 시대의 권력에 운명을 맡겨왔다.

동서남북, 현재와 과거가 교차하는 노바라를 로베르토의 선조들은 책을 짊어지고 수없이 왕복했다.

"할아버지가 노바라에 정착한 건 1922년이에요. 역시 몬테레조 출신 도붓장수의 딸과 결혼해서 회랑에 유랑책방 허가를 받았죠.

아주 작은 좌판에서 시작했어요."

'책은 반드시 마을 한가운데에서 팔 것.'

마을 사람들이 선배들로부터 귀가 따갑도록 들은 철칙이다.

회랑에 면한 점포에 자리가 생기자 바로 서점을 냈다. 로베르토의 아버지 오타비오는 이 서점에서 긴 책방 인생을 시작한 것이다.

이탈리아의 지방 도시에서는 사람들이 환담을 나누며 번화가를 어슬렁거리는 습관이 있다. 노바라의 산책로는 회랑이다. 라자렐리 서점은 사람이 가장 많이 지나는 장소를 골라 유랑책방을, 그리고 서점을 열었던 것이다.

"회랑에 있는 가게들은 문턱이 높았어요. 특히 서점 같은 덴 일반인이 좀처럼 들어갈 용기를 내지 못했던 시절이었죠. 그곳에 아버지는 '입장 무료'라고 큰 푯말을 걸어놓고 항상 출입문을 열어두었어요."

사든 사지 않든 사람들은 라자렐리 서점에 들르게 되었다. 꾸밈없는 성품의 오타비오를 모두가 사랑했고 신뢰했으며, 서점은 많은 주민의 안식처가 되어갔다.

"아버지는 작가나 출판사, 정치가들과의 인연도 소중히 여겼어요. 하지만 중립성을 철저히 지키면서 결코 가게에 특정한 정치적 성향을 들이지 않도록 했죠. 하지만 우리가 지금도 마을 한가운데에서 서점을 이어갈 수 있는 건 그래도 어머니 덕분이에요."

로베르토가 오려진 신문 기사를 내민다.

"노바라에 영원히 안녕을 고한 마틸드 라자렐리에게. 남편과 함께 훌륭한 서점을 세운 '유랑책방'의 전통을 지킨 사람이 떠났다."

책에 둘러싸여 온화하게 웃는 남편 오타비오가 어깨를 감싸 안은 아름다운 여성이 있었다. 짧은 머리에 그을린 피부. 입가에는 미소가 흐르고 있지만, 눈빛은 야무지고 당차 보인다.

"어머니는 베네치아로 이주한 시칠리아인 부모 밑에서 태어났어요. 노바라에는 어릴 때 양녀로 왔죠. 책과도 노바라와도 접점이 없는 사람이었어요. 처녀 시절에 회랑을 산책하고 있는데, 라자렐리 서점 앞을 지날 때마다 아버지가 슬쩍 눈을 마주치고는 고개를 숙이고 미소 지었다고 해요. 어머니는 독서가가 아니었어요. 하지만 보기만 하면 웃으면서도 절대 말을 걸지 않는 젊은 서점 주인에게 관심이 있어, 어느 날 결심을 하고 가게 안으로 들어갑니다. '무슨 일이죠?' 아버지는 다른 도붓장수들이 하듯이 눈으로만 말하더래요. 당황한 어머니는 빈손으로 서점을 나왔고요. 두 번째 서점을 방문했을 때 아버지가 어머니에게 화제의 연애소설을 추천해서 라자렐리 서점은 오늘에 이르게 됐지요."

바쁜 남편 라자렐리 뒤에서 마틸드는 절대 나서는 일이 없었다. 세 아이를 기르며 서점 일도 열심히 도왔다. 아무리 고되더라도 불평이나 앓는 소리를 내는 법이 없었다. 항상 밝은 모습이었다. 누구에게나 공평하게 친절했고 꾸밈이 없어 더욱 우아했다.

"어머니는 노바라를 정말 좋아했어요. 아버지와 만났고 천직을 얻었으니까요. 이 마을과 아버지와 책이 어머니에겐 능대었어요."

15

책장 사이의
사연들

집에 돌아오고 나서도 한동안 멍하니 앉아 있다.

여름날 해질녘에 로베르토와 걸었던 노바라는 현실과 단절된 분위기였다. 주위 환경에 동요하지 않는, 작지만 독자적인 세계가 있었다. 거리는 산뜻하고 아름다웠지만, 다른 세상과는 선을 긋고 있다는 인상을 받았다. 지방의 자존심이랄까. 오랜 세월에 걸쳐 길러진 방어술이랄까.

두메산골에서 그런 곳으로 책을 짊어지고 와서 서점을 연 라자렐리 일가 사람들을 생각한다. 위축되거나 비굴해진 적은 없었을까.

고도古都는 격식을 따지고, 각 분야의 전통을 지키고 계승하는 혈족에 의해 성립된다. 시대가 변해도 그 골격은 미동도 하지 않는다. 아직 어린 마틸드가 자신을 낳아준 부모와 정든 베네치아를 떠나 이곳에 살게 되었을 때, 그리고 이방인이었던 라자렐리와 결혼했을 때 얼마나 불안했을까. 어쩌면 의지할 곳 없는 타시에서 맨손으로 일어서는 모습을 오히려 신기해하며 마음 졸인 사람들도 있었을

지 모른다.

"정말 명랑하고 강인한 여성이었어요."

큰 바다에 혼자 내던져졌음에도 마틸드는 살아남았다. 노바라와 남편과 책을 등대 삼아. '마을 한가운데 있어야 한다'는 서점에서 그녀는 늘 웃고 있었다.

가면, 있었다. 반드시 그곳에서 기다려주었다.

라자렐리 서점은 '마틸드 서점'이었을 것이다. 그리고 로베르토에게 서점은 어머니였을지도 모른다.

라자렐리 서점에서 헌책을 몇 권 구입한 후, 로베르토와 마을을 빠져나와 함께 간 곳은 창고였다. 구시가를 벗어나자마자 위치한 주택가에 있었다. 서점과 외곽, 어느 쪽으로 움직여도 편리한 입지 조건을 갖추고 있다. 전후에 생긴 연립주택의 반지하. 큰길에서 반지하로 들어가는 입구는 폭이 넓고 완만하게 경사져 있다. 웬만한 화물 트럭이라도 입구까지 들어갈 수 있을 것이다.

로베르토는 유리 현관문을 열어 안으로 안내했다.

마치 집 같다. 집주인은 책들이다. 눈에 들어오는 범위만으로도 족히 660~990제곱미터는 돼 보인다. 천장 가까이에 불투명 유리로 된 밝은 창이 있어, 창고 특유의 어두침침한 기운은 없다. 종이와 잉크와 먼지가 합쳐진 익숙한 냄새가 난다.

크게 심호흡을 하고 있는 나를 보며 웃더니, 로베르토는 서가를 따라 걷는다. 나에게 설명하고 있지만 마치 책에게 말을 걸고 있는

것처럼 들린다.

　　"미술 전집이에요."

　　"연극 팸플릿."

　　"이건 연애소설 전문 잡지. 인기 많았어요."

　　"모험 잡지. 소년은 모두 빠져들었죠."

　　"가정요리 레시피 잡지."

　　"동화 주간지는 흔치 않았어요."

"철학.""해외문학 전집."

"좁쌀책. 인쇄와 장정 장인들이 솜씨를 뽐낸 책이죠."

"시집도 여기 있어요."

"자전거 조립 도감.""재봉용 패턴 북."……

서가와 서가 사이에 낮은 서가가 있다. 나무로 만든 두 칸짜리 서가다. 따로 모양을 낸 것도 아니고 그저 반듯하게 자른 판자로 만든 소박한 모습이다. 튼튼하다. 보기만 해도 안도감이 든다. 2단 서가에는 높이 30센티미터, 두께가 10센티미터 가까이 되는 백과사전이 진열되어 있다. 짙은 감색 표지에 금박으로 『이탈리아 백과사전』이라고 인쇄되어, 지식의 모든 것이 여기에 있다는 양 위상을 뽐내고 있다. 상단과 하단에 20권씩, 틈도 없이 빽빽이 들어차 있다. 위풍당당하게 진열된 책등은 '무엇이든 물어보세요'라고 말하는 듯 자신감이 가득 묻어난다. 서가는 다른 지지대도 없는데 전혀 휘거나 하지 않았다. 게다가 그 서가 위에는 10여 권의 두꺼운 고전문학 전집이나 미술 도감이 쌓여 있다.

"이것은 아버지가 가게를 시작했을 무렵에 들여놓은 백과사전이에요."

정말 잘 팔렸다고 한다. 이탈리아의 가정에 지식의 기반을 쌓아주었다. 아이들에게 풍요로운 장래를 배본했다.

"월부제가 시작된 건 아마 이 무렵이었을 거예요. 손님들께 매달 꼬박꼬박 책을 전할 때마다, 한 권 한 권마다 신뢰 관계가 두터워졌죠."

크게 인기를 끈 이유는 서가였다. "소중한 책을 보내기 전에 책을 꽂을 곳을 만들어줘야 한다." 도붓장수들의 말을 듣고 출판사가 고안했다.

책이 전부 모이면 서가가 채워진다. 손님들은 한 권씩 채워지는 서가를 보며 자신의 견문이 넓어지는 충만감을 맛보았다. 서가는 보물 상자였다. 월부는 미래를 위한 투자가 되었다.

목제 서가는 유랑책방을 떠나던 도붓장수들과도 무척 닮아 있다. 소박한 차림새에, 그러나 튼튼한 구두를 신고, 옆에는 유일한 보물인 책이 있었다.

"백과사전 붐이 끝나고도 전용 서가는 골동품 가게에서 인기였어요. 지금도 문의가 오죠. 헌책을 팔다보면 단골들의 이사나 장서 정리를 하게 되는 일이 많아요. 책과 함께 가구를 부탁하는 경우도 많죠. 헌책과 함께 고가구를 취급하는 동료도 있어서 서가와 함께 매입한 거예요."

이 서가라면 심플해서 어디든 위화감 없이 잘 어울릴 것이다. 눈에 띄는 가구는 아니더라도 진열한 책을 빛내는 역할을 해냈으니.

서점을 하는 남편에게 힘이 되어준, 야무진 아내 마틸드가 여기에도 있다.

서고라기보다는 책이 사는 집이다. 각각 제자리에서 나갈 채비를 하고 기다리고 있다. 여기저기에 작업용인지 작은 책상과 의자, 사다리가 놓여 있다. 책상 위에 잔뜩 쌓인 종이와 엽서가 든 작은 상자가 놓여 있었다. 로베르토가 편지 한 통을 꺼낸다.

아버지께

제 걱정은 하지 마세요.

이제 곧 딸이 태어납니다.

이 아이가 태어나면 바겐펠트에 자주 와주세요. 파브리지오와 함께 기다리고 있을게요. 지금까지 말다툼도 하고 오해도 했지만 헤어져 있으니 잘 설명을 못하겠어요. 하지만 끈끈한 정으로 맺어진 아버지와 저를 그 무엇도 방해할 순 없어요. 제가 말을 안 한다고 말씀하셨지만 말로는 표현할 수 없는 마음까지 전화로 하는 건 정말 어려운 일이에요.

아버지, 사랑해요.

왜 아버지는 이 편지를 책에 꽂아두었던 걸까. 아니 머리맡에 두었던 책에 소중하게 간직한 걸지도 모른다. 누군가 그 책을 처분한 것일까.

다음으로 꺼낸 종이는 공책을 찢어 쓴 것이었다. 실크해트를 쓴 남자가 앵무새와 함께 있는 그림이 볼펜으로 그려져 있었다.

위대한 두리틀 선생님

필기체로 반듯하게 또박또박 적혀 있는 모양에서 뿌듯함이 전해진다.

아아, 런던!

40파운드로 은행 구좌를 만들었어. 만약 편지를 보낸다면 이 주소로.

산드로

켄싱턴 1980년 3월 1일 소인. 그림엽서에는 선 밖으로 나가지 않게 우표가 붙어 있다. 꼼꼼하게 쓴 작은 글씨. 영국에서 보낸 최초의 소식 같다. 받는 사람은 연인이었을까. 어머니일지도 모른다. 영국에 은행 구좌를 열고 사는 집도 얻었나보다. 앞으로 얼마 동안은 이탈리아에 돌아가지 못한다……

"헌책을 팔기 전에는 깨끗하게 손질하는데 책장 사이에서 책갈피는 물론이고 메모나 편지, 영수증이나 그림, 사진과 그림엽서가 나와요."

책 주인으로부터 연락이 오면 바로 보낼 수 있도록 언제 어떤 책에서 발견한 건지 메모를 해서 함께 상자에 보관하고 있다고 한다.

어쩌면 원래 주인들은 편지나 메모를 빼두는 걸 잊은 게 아닐지도 모른다. 자신들의 소중한 이야기를 책에 끼워 '라자렐리 서점'에 맡긴 것이 아닐까.

다음 독자에게 이야기를 전해줄 책의 도붓장수에게.

16

창
너머로

매년 4월 23일은 유네스코가 제정한 '세계 책과 저작권의 날World Book and Copyright Day'이다. 이날에 맞춰 2017년 밀라노에서 처음으로 북페어 '책의 시대Tempo di libri'가 개최되었다. 출판과 독서, 저작권에 관한 사항과 자료가 각 매체의 지면을 가득 채웠다. 나는 그중 2016년의 어떤 통계 결과를 읽고 있다.

2010년과 비교해 2016년 이탈리아의 독서 인구는 430만 명이나 감소(이탈리아 인구는 6060만 명).

2016년 한 해 동안 6세 이상의 이탈리아인 가운데 '종이책을 한 권도 읽지 않았다'는 3300만 명. 국민 전체의 57.6퍼센트에 해당된다.

성별로 보면 전체 남성의 64.5퍼센트가, 여성은 51.1퍼센트가 '한 권도 읽지 않았다.'

남녀 모두 연령이 높아질수록 '읽지 않는 사람'은 늘어나는 경향을 보았다.

또한 '읽지 않는 사람' 중 77.1퍼센트가 중졸, 25퍼센트가 대졸로 나타났다.

지역별로 보면 남부는 전체 인구의 69.2퍼센트가, 중부에서는 55.8퍼센트, 북부는 49.7퍼센트가 '읽지 않는다.'

매일 인터넷 이용 인구 중 45.6퍼센트가 '책을 읽지 않는다.' 2010년에는 30.9퍼센트였다.

'책을 읽는 아이'의 69.7퍼센트가 부모도 함께 독서하는 가정에서 자라고 있다.

참고로 '책을 많이 읽는 사람(한 달에 적어도 한 권 이상 읽는 사람)'은 5.7퍼센트로, 11~14세와 55~74세의 연령층에 많았다.

'집에 책이 있다'고 대답한 사람은 89.4퍼센트였으나, 2009년부터 연속으로 '한 권도 없다'는 집이 10퍼센트나 존재한다.

전자책을 읽는 사람은 약 400만 명. 6세 이상의 이탈리아인 7.3퍼센트에 해당된다.

암담하다.

창 너머 밖을 본다. 여기서 보이는 사람의 절반이 작년에 책을 한 권도 읽지 않았단 말인가.

과연 마을에서 서점이 자취를 감출 수밖에 없겠구나. 불과 몇 년 전만 해도 근처에는 규모도 제각각이고 큐레이션도 다른 서점이 몇 군데나 있어, 그날의 기분이나 예정, 목적에 따라 서점을 골라서 갈

수 있었다. 그래도 아직 마을 중심에는 대형 서점이 남아 있고, 밀라노의 중앙역에는 유럽 최대 면적을 자랑하는 서점도 있다. 독자도 작가도 출판인도, 전멸한 것은 아니다.

이탈리아의 신간 출판 사정도 조사해봤다.

1919년 5390종
1959년 5653종
1970년 1만5414종
1984년 2만1063종
1998년 5만6000종
2015년 6만5000종(전자책 6만3000종)

2015년 숫자로는 종이책 178권을 포함한 350권의 신간이 매일 간행되고 있다는 계산이 나온다. 2015년에 배본 가능한 책은 90만 6481종이었다. 전년도 대비 5.2퍼센트가 증가했다. 연간 10~60종을 간행한 이탈리아의 출판사는 1005곳.

읽지 않는 사람이 늘어가고 있다는데 간행되는 책은 점점 늘어나고 있지 않은가. 왜일까.

그 전에 이탈리아의 출판업 판매 시스템을 들여다보자.

간단히 말하자면 출판사는 도매상에 책을 배본하고 실제 판매된 금액에서 순이익을 취한다. 그런데 책이 실제로 판매되기 전에 다음 책을 만들기 위한 자금이 손에 들어오는 시스템이다.

말하자면, 출판사는 정가×배본 부수의 40퍼센트를 매상으로 책정하고 어음을 받는다. 남은 60퍼센트는 도매상의 몫이다. 도매업자는 정가의 35~38퍼센트에 해당되는 금액을 자신의 몫으로 받고 서점에 책을 배본한다.

출판사는 일단 최초에 발생한 매상을 인쇄업자나 제지업체에 대금으로 지불한다. 그리고 그래픽디자이너와 편집자에게도 지급한다. 통상 경비는 3개월 후 지급이다. 만약 부족하면 자비로 지급하든지, 배본하고 받은 어음을 담보로 금융기관에서 대출을 받는다.

출판업계가 타 업종과 다른 점은 반품할 권리가 있다는 점이다. 서점이 팔리지 않은 책을 돌려주고 환불 대금은 다음 발주 시에 할인의 형태로 상쇄한다.

이탈리아의 반품율은 약 60퍼센트에 육박한다. 납품에서 3개월 뒤에는 받은 어음의 금액에서 환불 대금을 차감해야 한다. 심지어 반품 회수에 드는 비용까지 도매상에 지급해야 한다.

팔리지 않은 것들은 대개 앞으로도 팔리지 않을 책이다. 다 팔겠다고 고집을 부렸다가는 보관할 장소만 차지하게 되고 또다시 시장에 내놓을 때도 경비가 발생한다.

수익 감소의 연쇄에서 빠져나오기 위해 출판사는 신간을 출판한다. 책을 내서 도매상에 보내면 어음이 들어온다. 이를 반복하는 사이에 베스트셀러가 나와 적자를 메워주지 않을까, 하고 기다리는 것이다.

매년, 디지털화로 인해 인쇄 등의 비용이 줄어들고, 최저 인쇄 부수도 낮게 책정할 수 있게 되면서 좀더 적은 부수로 좀더 많은 책을, 간격을 줄여서 연이어 내는 추세에 박차가 가해진다.

현 상태로는 출판업계가 어려운 상황에서 벗어나기 힘들다. 출판된 작품 수가 늘수록, 경쟁에서 이기기 위해 정가를 낮추는 곳이 늘어난다. 가격을 낮춰가면서 전년도의 실적을 유지하려면 판매 총량을 늘려야만 한다. 작품마다 인쇄 부수를 최소로 유지하게 된 결과, 적은 부수로 좀더 많은 종류의 책을 납품하게 되고 노력과 경비가 늘어난다.

책을 팔기 위해서는 우선 서점에서 눈에 띄어야만 한다. 눈에 띄려면 가능한 한 많은 서점에 가능한 한 많은 부수를 배본해야 한다. 이것은 실정과 역행한다. 자금 마련과 출판 기획과 판매 전략이 어긋나고 만다.

여기에 상황을 악화시키는 것이 인터넷 서점이다. 최근 이탈리아에서도 이용자가 급증하고 있다. 거대한 창고에 1600만 종의 책을 한꺼번에 소장하고 발주처에만 배본한다. 수고와 비용을 목적에 한정할 수 있다. 팔릴지 안 팔릴지 모르는 다양한 종류의 책을 전국에 흩어져 있는 많은 서점에 어림 배본하고, 반품을 회수해서 재고를 쌓아두는 기성 업계의 낭비를 줄였다.

하지만 책이 과연 그런 무기질적인 것일까. 직접 만져보고 흥미를 느낄 수도 있지 않은가. 우연한 만남으로 인해 인생의 벗이 되는

책도 있다.

　인터넷으로 책을 주문하는 경우, 어떤 책을 살지는 이미 정해져 있다. 운명의 만남은 없다. 최근 인터넷 서점에서 발주할 때 '이 책을 산 사람은 이런 책도 샀다'는 자동 추천 알람이 뜬 것을 봤는데 서점에서 보는, 정성이 가득한 피오피POP나 물어보면 바로 대답해주는 서점 직원들의 친근하고 적확한 조언과는 거리가 멀다.

　이렇게 출판업계의 현실을 들여다보고 있으면 지금은 세분화된 역할의 대부분을, 예전에는 마을 도붓장수들이 혼자서 해냈었다는 것을 알 수 있다. 출판사가 재고에 골머리를 앓고 있다는 것을 알면, 알아서 창고 정리를 해서 팔러 다니고, 각지에서 반품을 회수해서 들고 다니며 자신들이 대신 시장에 내다 팔았다. 단 한 권이라도, 아무리 외진 곳이라도, 구간이든 신간이든 가져다주었다. 출판사로부터 독자에게 책을 처음 전하기 시작한 것은 인터넷 서점이 이용하는 택배업자가 아니다. 책을 파는 도붓장수들이었다. 수레나 마차로 책을 나르고 마을 한가운데 좌판 위에 책을 쌓아놓고 손님의 얼굴을 마주하며,

　"이 책을 읽었다면 이것도."

하고 권했던 것도 유랑책방이었다.

　"문제가 있다면 해결합시다."

　"요청이 있다면 들어줍시다."

　책 덕분에 궁핍에서 벗어나 포기했던 것을 손에 쥘 수 있었던 마을 사람들은 책에게 받은 은혜를 세상에 돌려주려 했던 것일지도

모른다.

마을의 도붓장수들이 걸어간 길에 수많은 서점이 생겨났다. 기록에 남아 있는 것만 성씨별로 마을을 정리해보자면 다음과 같다.

- **타란톨라 일가**: 베르가모, 벨루노, 브레시아, 크레모나, 라스페치아, 만토바, 메라테, 모데나, 밀라노, 파비아, 피사, 우디네, 베네치아.
- **겔프 일가**: 브레시아, 페라라, 파도바, 베로나, 베네치아.
- **린프레스키 일가**: 볼차노, 크레모나, 피아첸차.
- **포콜라 일가**: 안코나, 라퀼라, 피사, 토리노.
- **마우치 일가**: 스페인, 아르헨티나, 멕시코, 쿠바, 칠레, 이탈리아에서는 제노바, 라스페치아, 밀라노, 사사리, 사보나, 시에나.
- **라자렐리 일가**: 노바라.
- **조반나치 일가**: 비엘라, 카살레몬페라토, 코모, 도모도솔라, 베르첼리, 바레세.

대략 이쯤 된다. 이들 모두가 자식을 많이 낳은 덕에 각 거점에 나뉘어 서점과 유랑책방이 탄생했다. 많을 때는 100곳이 넘었다고 한다. 그중 현재에도 살아남아 직계 가족이 대를 잇고 있는 곳은 극소수다.

베네치아의 베르토니 서점은 주인 혼자 운영하고 있다. 서점 주인의 큐레이션 안목을 즐길 수 있는 곳이기도 하다. 유랑책방 시절의 잔향이 있다. 사야 할 책이 있지 않더라도 서점 주인이 책과 만나게 해준다. 미지의 자신을 만나러 가는 듯한 서점이다.

한편, 노바라의 라자렐리 서점은 어머니 같은 항구다. 고행 끝에 낯선 땅에 정착해 사람들의 삶에 중심이 되었다. 서고에 있는 방대한 양의 책은 마을 도붓장수들의 인생의 반려이자 증인이다.

한 곳 더, 마을 출신의 직계가족이 운영하는 서점이 남아 있다는 소식을 들었다. 비엘라라고 하는 스위스 국경 근처의 소도시였다. 몬테레조에서 해안 도로를 따라 335킬로미터쯤 북상한 지점에 있다. 피에몬테주. 도붓장수들이 유랑하다 다다랐던 동쪽의 끝 베네치아

로 가는 여정과 거의 같은 거리다.

예전에 밀라노에서 알게 된, 비엘라가 고향인 사람으로부터 "우리는 인사를 나눌 때 가볍게 어깨를 토닥이며 그 사람이 입고 있는 옷감을 확인해요"라고 한 말을 기억한다.

알프스산맥의 기슭에 위치한 도시는 수자원이 풍부해 농업보다 목축업으로 번성했다. 고대 로마 시대 이전부터 양모 직물을 생산하고 있었다고. 유럽의 중앙이라는 지리적 이점을 살려 번영을 누려왔다. 베네치아가 출판 도시가 된 것이 편집을 포함한 각 공정에 일류 장인의 기술이 집중돼 투자가가 몰렸기 때문이듯이 비엘라도 섬유에 관한 정보와 기술, 설비 쇄신을 위한 풍부한 재력을 갖추고 세계 유수의 산업도시로 번성했다. 즉, 각 시대의 정치, 종교, 산업의 주요 인물들의 의복을 책임지고, 세상의 미의식의 정점을 만들어온 것이다. 지금도 세계 고급 양모 제품의 41퍼센트는 비엘라에서 생산된다. 이 도시 자체가 이탈리아 양모 제품 산업의 역사라 할 수 있다.

천 년 이상 향토 산업을 지켜왔다. 비엘라 사람들은 굳건하고 성실하며, 자신감과 자부심으로 가득 차 있을 것이다. 혹은 적잖은 선민의식이 있을지도 모르겠다.

밀라노에서 열차로 두 시간 남짓. 비엘라 역 앞에서 택시를 타고 '조반나치 서점'이라고 말했다.

"구시가의 한가운데 있어서 가게 앞까지는 들어갈 수가 없어요."

운전기사는 바로 출발했다.

'이탈리아 거리'에 있다. 국경 마을이, 큰길에 이런 이름을 붙인 의도가 무엇인지 생각한다. 거리 입구에 내리자마자 처음 왔는데도 뭔가 익숙한 모습에 가슴이 벅차다. 지금까지 가봤던 고도古都의 공기와 같은 공기가, 비엘라에 있었다. 리스본이나 마드리드, 혹은 시칠리아의 시라쿠사나 팔레르모, 이탈리아 남부 바실리카타주 마테라, 로마, 토리노, 사르데냐섬 칼리아리, 프랑스의 니스, 엑상프로방스……. 흐르는 시간 위에 서서 서두르지 않고, 그렇다고 과거에 매달리지도 않는. 신도시의 상승 지향이나 활기와는 대조적인, 만족할 줄 아는 성숙함이다.

옛 스승을 방문하는 것 같아 긴장이 된다.

아침 일찍 나섰더니 가게들은 아직 문을 열지 않았다. 거리가 텅 비었다. 셔터가 내려져 있어도 여유 있는 거리의 모습이 전해져온다. 일요일 늦은 아침 브런치 하러 가는 일처럼.

쇼윈도가 이어진다. 벽면을 가득 메운 유리창은 노면이 비칠 정도로 잘 닦여 있다. 가게의 자세가 전해진다. 색색으로 단장한 것은 고급 양장점이 아니다. 책이었다.

몇 개나 이어진 유리 진열장 앞을 지나며 잘도 여기까지 왔구나 싶어 가슴이 벅차다.

입구에 '비토리오 조반나치 서점'이라는 간판이 걸려 있다. 신간 서점이다.

"오래 기다리셨습니다."

가게 주인 빌마와 만나는 것은 처음이지만, 이미 아는 사이 같다. 어깨까지 내려오는 금발머리가 부드럽게 물결치고 있다. 애써 친한 척하는 것도 아니고 억지웃음도 아니다. 며칠 전에 만나고도 못다 한 이야기를 하러 온 기분이다. 웃는 얼굴에 나도 모르게 초면인데도 어깨를 안고 인사를 한다.

바로 그 '가볍게 어깨를 토닥이며'인가.

가게 안으로 들어가자 눈앞에 몬테레조가 있었다. 광주리를 짊어 메고 책을 손에 든, 힘찬 발걸음으로 유랑하는 도붓장수의 모습이 액자에 담겨 걸려 있다. 표창장도 나란히 걸려 있다.

"비토리오예요. 도붓장수였던 아버지를 일찍 여의고 아주 어릴 때 아버지 일을 물려받았죠. 천생 도붓장수였어요. 제 시아버지입니다."

빌마는 수수한 검정 원피스 차림이었지만, 옷깃을 여민 모습이나 어깨 라인이 기품 있는 얼굴을 빛내고 있었다. 잠시 얼굴에 가져다 댄 손에는 여러 줄 겹쳐진 팔찌를 차고 있었는데 잔뜩 꾸민 모습이 마냥 귀엽다. 얌전해 보이지만 실은 장난기 많은 사람일지도 모른다.

"마음껏 둘러보세요."

가게 안은 360도가 책으로 가득하다. 어림잡아 330제곱미터는 돼 보인다. 벽을 터서 하나로 만든 모양으로 기둥이 일정한 간격으로 서 있다. 밝은 오렌지색으로 칠해져 있어 책이라는 산 위에 햇살이 비추고 있는 것처럼 보인다.

높은 천장까지 닿아 있는 서가는 마치 도서관처럼 장관이다. 입구와 나란한 안쪽 벽은 전부 유리창으로 되어 있다.

"시아버지 비토리오는 가게를 마을 한가운데에 열기 위해 이사를 많이 했어요. 마침내 이곳을 얻고는 벽이란 벽을 전부 헐어버렸죠. 서점에는 벽이 필요한데 말이죠!"

책더미 사이에는 햇살을 받아 오렌지색으로 물든 기둥이 가로수처럼 늘어서 있고, 안쪽 창 너머로는 중정의 푸른 나무가 보인다. 서점 안에는 부드러운 자연광이 들어와서인지 천장까지 들어찬 책의 중압감은 없다. 가게 안에 있는 건지, 밖에 있는 건지 헷갈릴 정도다.

'그렇구나, 이곳은 노상에 펼쳐진 유랑책방이다.'

도붓장수인 부모님을 따라 어린 비토리오는 북부 이탈리아 각지의 회랑과 광장을 책과 함께 유랑했다. 아버지는 그에게 있어 모든 것의 기점이었다. 염원하던 마을 중앙 자리에 서점을 열게 되었을 때 그는 인생의 옛 풍경을 재현하고 싶었던 게 아닐까. 이 서점은 조반나치 일가에게 소원 성취의 증표이자 마을 책방으로서의 근원을 잊지 않기 위한 표식이기도 하다.

여기저기 작은 의자나 소파, 팔걸이의자가 놓여 있다. 천으로 만든 것이거나, 나무로 만든 것이거나. 소파에 올려둔 쿠션의 이국적인 무늬를 바라보고 있는데 그녀가 말한다.

"제 친정은 양품점을 했어요."

자카르 직물이나 사르데냐섬의 직물, 아라베스크 문양이나 이카트(병직물을 의미하는 국제 공통어. 좁은 의미로는 인도네시아나 말레이시아의 병직물을 가리킨다—옮긴이) 등 세계 직물의 견본 책 같다.

서점 안을 다 볼 수 있는 구석 소파에 앉아서, 우리는 이런저런

이야기를 나누었다. 빌마 자신도 몬테레조의 도붓장수 집안에서 태어난 아버지를 두었고, 여름이 오면 여동생과 마을의 할아버지 댁에서 보냈다는 것. 정착을 결심한 비엘라에는 이미 서점이 있었기 때문에 외가 쪽 가업이었던 양품점을 아버지가 잇게 된 것. 성은 남편과 같은 조반나치였다는 것, "우린 아마 한참 올라가면 같은 핏줄일 거예요."

에마누엘레와 결혼하기로 하자 "저쪽 서점이 우리 양품점보다 마을에서 유명한 조반나치"라며 아버지가 질투한 일. 시아버지는 책에서 태어난 것 같은 사람이었다는 것.

때로는 깔깔거리며 웃거나 때로는 '바로 그거예요!' 하고 맞장구를 치고, 조금 눈물 짓거나, 침묵하거나. 빌마는 책과 관련된 사람들을 엮은 조각보 같았다.

씨실과 날실을 엮어 천이 되고, 그것을 재단해 옷을 만든다.

책과 닮았다. 하나하나의 단어가 엮여 이야기가 탄생한다.

"사람이 가진 아름다움을 가장 잘 드러낼 수 있게 만드는 게 양품점이 하는 일이라면, 마음이 풍요로워지는 책을 권하는 것이 서점의 일이죠."

'비토리오의 가게'라고 말하면 통할 정도까지 만들 수 있었던 건 그저 책을 파는 장소에서 그치지 않고 정보 발신지로서 출판 활동도 시작했기 때문이었다. 출판한 것은 문예나 정치가 아니었다. 단일 산업으로 성립된 마을이 섬유 불황으로 침체되었을 때 "장래를 위해 시야를 넓히고, 다양한 전통 공예나 새로운 기능을 배우자"며

비토리오는 기능을 습득할 수 있는 교재를 출판했다. 이후 조반나치 서점은 지식인과 기업인들이 자유롭게 드나드는 살롱 역할도 하게 된다.

섬유 일색이었던 마을에 다양한 직업전문학교나 강좌가 신설된 것은 혁명적이었을 것이다. 비토리아의 선견지명과 조력 덕분에 배우고 만들고, 지역을 지키는 의식이 비엘라에 정착했다. 그리고 1976년 9월 5일에는 마침내 '마을 사람들을 위한 대학'이 개교하기에 이른다.

누구나 입학할 수 있고, 누구나 배울 수 있다. 지식을 손쉽게.

그것은 바로 마을의 도붓장수들의 신조였다.

'비토리오의 가게'는 미래로 가는 문이 되었다.

빌마의 남편 에마누엘레는 병으로 일찍 세상을 떠났다.

"그래도 행복한 책방 인생이었다고 생각해요. 여행도 좋아하고, 무엇보다 책을 좋아했죠. 집안 내력이에요."

책을 좋아한다. 파는 것을 좋아하는 것과 읽는 것을 좋아하는 건 다른 이야기다.

"시아버지나 남편은 결코 독서가가 아니었어요. 이 책 내일까지 읽을 수 있어? 하고 집에 돌아온 남편이 곧잘 책을 내밀었죠. 남편은 읽지도 않았는데도 죽어라 읽은 제게 줄거리나 감상만 듣고도, 정확하게 핵심을 짚어냈어요. 손님이 물으면 읽을 부분을 단적으로 설명해서, 사지 않고는 못 견디게 만드는 선수였어요."

책을 만지면, 책장을 넘기면, 매대에 놓으면, 읽지 않고도 그 내용을 아는 것이었다.

빌마의 남편은 이제 없지만, 책을 만지며 즐거워하는 모습이 서점 가득 넘쳐나고 있다. 천장에 닿을 듯한 서가에는 전용 사다리가 달려 있다. 여러 권의 책을 안고 오르락내리락하고 있는 이는 딸 엘리사였다. 짧은 머리에 간편한 차림의 그녀는 계속해서 책을 꽂고 있다. 서가에 연료를 붓고 있는 것처럼 보인다. 발밑에는 새로 도착한 책들이 산더미처럼 쌓여 있다.

바로 옆에는 중정이 보이는 창과 가까워 푸르게 물든 햇살이 부드럽게 스며들고 있었다.

"저는 여기서 컸어요!"

엘리사가 햇살이 들어오는 곳을 가리키며 활기차게 말한다.

그 서가에 있는 책들은 표지가 보이게 진열되어 있다. 서가는 유채꽃 색과 푸른 하늘색이다. 작은 나무의자가 놓여 있다. 바닥에 닿을 듯한 곳까지 책이 진열되어 있다.

조반나치 서점의 특등석은 어린이 책 매장이다.

"시간이 날 때마다 볼로냐 국제 어린이 책 견본시장이나 어린이를 위한 독서 지도 강의를 들으러 가요."

서가에 엘리사의 의지와 작은 손님들을 위한 배려가 엿보인다. 서점에서 일하는 부모를 둔, 무엇과도 바꿀 수 없는 어린 시절의 추억이 있을 것이다.

빌마의 안내를 받고 지하로 내려간다.

내려가니 그곳은 마치 학교 교실 같았다. 빌마는 흐뭇한 미소로 내려다보고 있다.

노천 시장과 같이 탁 트인 1층과는 전혀 다른 모습의 지하에는 지식이 조용히 집결해 있다. 도감이나 지도, 안내 책자, 사전, 화집, 사진집과 같은 대형본이나 두꺼운 책과 함께, 국내외의 책이 빽빽하다. 소설이 있는가 하면 논픽션도 있다. 테마별로 모아놓은 것 같다. 중앙에는 낮은 단상이 설치되어 있고 맞은편에는 여러 줄로 의자가 놓여 있다.

"여기에서 신간을 발표하기도 하고 작가를 초대해 낭독회나 독서회를 열거나, 아이들에게 책 읽어주는 모임이나 소설 쓰기 강좌를 열고 있어요."

'비토리오 조반나치 서점'은 널리 알려져 있어 시칠리아섬이나 나폴리, 스페인이나 독일에서도 저자들이 찾아와 독자와 서점 직원과의 교류를 즐기고 있다고 한다.

안쪽에 조용히 웃고 있는 청년이 있다.

"큰아들 다비드예요."

건장한 체구의 아들 뒤쪽으로는 막 입고된 책과 문구류, 교과서와 포장지, 리본, 풍선이 든 잡화까지 온갖 물건이 쌓여 있는 창고가 있었다. 엘리사에게 서가를 맡기고, 그는 지하에서 서점의 허드렛일을 책임지고 있다.

"여기에 엘리사의 남편까지 식구 넷이서 책을 지켜오고 있어요."

간소한 검정 원피스 차림의 빌마가 일어서자 서점 안에 있던 책들이 일제히 불안에 떠는 것처럼 보인다. 노바라의 서고에서 본 묵직하고 투박했던 책꽂이를 떠올린다.

맞이하는 어머니가 있고, 떠나보내는 어머니가 있다.

몇 권의 책을 사고, 몇 권의 책을 선물 받았다.

"광주리 대신에."

윙크를 하며 빌마는 복고풍의 알록달록한 쇼핑백에 책을 넣어주었다. 알록달록한 신간을 진열해놓은 쇼윈도와 똑같다. 그것은 미지의 행선지로 가는 창처럼 보였다.

책이 태어난 마을

이른 아침부터 아래층이 시끌벅적하다. 방금 도착한 사람이 있나보다.

몬테레조에 하나밖에 없는 민박에 머물고 있다. 창문을 여니 눈앞 가득 산들이 펼쳐진다. 멀리서 염소 울음소리가 들려온다.

1층 식당으로 내려가니 벌써 식사를 하고 있는 사람이 여럿 보인다. 라이트밴에서 내린 남자는 안쪽을 향해 인사하더니 현관 옆에 여행 가방을 내려놓자마자 또다시 서둘러 나간다. 짐을 내리러 가는가보다. 평소엔 텅텅 비어 있던 예배당의 주차장에도 요 며칠은 빈자리가 없다. 8월의 마을 축제가 한창이기 때문이다.

마을 축제에 맞춰 고향을 찾는 빌마와 만나기로 했다.

"부모님과 남편, 여동생, 소꿉친구들 모두 몬테레조에 있으니까요"라며 함께 성묘를 가자고 했다.

"오늘 밤 강연하시나요?"

식당 구석에서 커피를 마시고 있자니 창 쪽 테이블에서 묻는 소리가 들렸다.

아뇨, 책 축제를 보러 왔어요.

"여기에 나온 사람인 줄 알았어요. 죄송합니다."

읽고 있던 팸플릿을 들어 보이며 노부인이 웃는다. 책 축제에 맞춰 열리는 행사 일람표 같았다.

내 자리에서는 떨어져 있는 데다 역광이라서, 그 사람의 표정은 잘 보이지 않는다. 창에서 쏟아지는 햇살을 받아 부드럽게 물결치는 머리칼이 오렌지색으로 물들어 보인다.

괜찮을까요? 하고 내가 동석해도 되느냐 묻자 대답도 않고 슥 하고 일어서더니 그녀가 먼저 내 쪽으로 와서 앉았다. 앉은 채로 나는 웃어른의 권위적이지 않은 모습에 감동했다.

큰 키에 카디건을 어깨에 걸친 모습에서는 뭐라 형용할 수 없는 품위가 느껴졌다. 둘 다 밀라노에서 왔다는 사실을 확인하곤 금세 친해졌다.

"사실 시력이 안 좋아 거의 안 보여요."

커다란 선글라스를 쓰고 있었는데 벗을 수 없으니 이해해달라며, 그래도 책과는 멀어질 수 없다며 웃었다.

로베르타는 이제 87세가 된다. 국어교사직에서 정년 퇴임한 후 교외에서 삭은 서점을 열었다.

"제 꿈이었어요."

유대계 이탈리아인. 아버지는 없다. 친척도 없다. 어릴 적 친구도 없다. 곁에 남은 사람이 아무도 없다. 살아남은 사람은 어머니와 그녀뿐이었다.

"공부해야 해."

모든 걸 잃고, 살았다는 증거로 아름다운 언어를 재산으로 삼으라며 어머니는 딸에게 가르쳤다.

초등학교에는 갈 수 없었다. 읽고 쓰는 법은 어머니께 배웠다. 독학으로 공부했고, 대학까지 들어가 문학을 전공했다. 결혼은 했지만 남편도 일찍 죽고 말았다.

또다시 혼자.

'재산을 남기지 않으면.'

교사가 된 것은 미래에 언어의 힘을 전하고 싶어서였다.

"읽을 수 있어서 다행이었어요."

서점을 열고 책에 대한 감사와 죽은 이를 진혼하며 남은 인생을 보낼 생각이었다. 그러나 책을 팔기 시작하자 좋은 평판이 났고, 로베르타는 많은 새로운 친구를 만나게 되었다. 동인지를 만들거나, 낭독회를 열었다.

오로지 혼자였던 로베르타를 책이 다시 살려준 것이었다.

좀 전까지 그녀가 창가에 앉아 열심히 읽고 있던 두꺼운 책은 『파시즘 시대의 유대인들의 삶』이었다. 오래 사귀어온 몬테레조의 도붓장수가 그녀를 위해 찾아준 책이라고 한다. 책 속에는, 이제는 사라졌으나 사라지지 않은 로베르타의 과거가 있다. 하나뿐인 소중한 책.

혜어질 때 주소 교환을 하려고 로베르타에게 성을 물어보았다.

"폰트레몰리."

국어교사와 서점 주인이었던 사람의 성씨가 책 마을 이름과 같다니, 하고 우연에 놀라워하며 나는 말을 삼켰다. 전후 유대인들이 자신의 출신 성분을 감추기 위해 진짜 성을 버리고 지명을 성 대신 썼다는 사실을 떠올렸기 때문이다.

"어머니가 고른 거예요."

아이에게 책을 읽으라고 가르친 어머니의 심중을 헤아린다.

분명 로베르타는 어머니를 만나러 책 축제에 오는 것이리라.

5월, 길을 떠나기 전 도붓장수들이 한자리에 모였던 산길 옆에 그들의 무덤이 있다. 무척 소박한 석비에 밤나무들이 녹색 그림자를 드리운 모양이 청렴하다. 서글픈 종점이 아니라 빛나는 앞길로 향한 이정표가 보인다. 몬테레조는 책의 혼이 태어난 마을이었다.

2018년 2월

우치다 요코

'유랑책방 상' 역대 수상작 목록

수상 연도, 작가, 작품명, 출판사명(한국어 번역판이 있는 경우 괄호 안에 병기했다.)

1953 Ernest Hemingway, *The Old Man and the Sea*, Mondadori(어니스트 헤 밍웨이, 『노인과 바다』)

1954 Giovanni Guareschi, *Don Camillo e il suo gregge*, Rizzoli(조반니노 과 레스키, 『돈 까밀로의 양떼들』, 주효숙 옮김, 서교출판사)

1955 Hervé Le Boterf, *Le Défroqué*, ELI

1956 Han Suyin, *A Many-Splendoured Thing*, Martello

1957 Werner Keller, *Und die Bibel hat doch recht*, Garzanti(베르너 켈러, 『성 경의 역사를 찾아서』, 김성춘 옮김, 그린기획)

1958 Boris Pasternak, *Doctor Zhivago*, Feltrinelli(보리스 파스테르나크, 『닥터 지바고』)

1959 Heinrich Gerlach, *Die verratene Armee*, Garzanti

1960 Bonaventura Tecchi, *Gli egoisti*, Bompiani

1961 André Schwarz Bart, *Le Dernier des Justes*, Feltrinelli

1962 Cornelius Ryan, *The Longest Day*, Garzanti

1963 Paolo Caccia Dominioni, *El Alamein*, Longanesi

1964 Giulio Bedeschi, *Centomila gavette di ghiaccio*, Mursia

1965 Luigi Preti, *Giovinezza, giovinezza*, Mondadori

1966 Vincenzo Pappalettera, *Tu passerai per il camino*, Mursia

1967 Indro Montanelli, Roberto Gervaso, *L'Italia dei Comuni*, Rizzoli

1968 Isaac Bashevis Singer, *Die Familie Moshkat*, Longanesi

1969 Peter Kolosimo, *Non è terrestre*, Sugar,

1970 Oriana Fallaci, *Niente e così sia*, Rizzoli

1971 Enzo Biagi, *Testimone del tempo*, S.E.I.

1972 Alberto Bevilacqua, *Il viaggio misterioso*, Rizzoli

1973 Roberto Gervaso, *Cagliostro*, Rizzoli

1974 Giuseppe Berto, *Oh! Serafina*, Rusconi

1975 Susanna Agnelli, *Vestivamo alla marinara*, Mondadori

1976 Carlo Cassola, *L'antagonista*, Rizzoli

1977 Giorgio Saviane, *Eutanasia di un amore*, Rizzoli

1978 Alex Haley, *Roots*, Rizzoli(알렉스 헤일리, 『뿌리』)

1979 Massimo Grillandi, *La contessa di Castiglione*, Rusconi

1980 Maurice Denuzière, *Louisiane*, Rizzoli

1981 Sergio Zavoli, *Socialista di Dio*, Mondadori

1982 Gary Jennings, *Aztec*, Rizzoli

1983 Renato Barneschi, *Vita e morte di Mafalda di Savoia a Buchenwald*,
    Rusconi

1984 Luciano De Crescenzo, *Storia della filosofia greca - I Presocratici*,
    Mondadori

1985 Giulio Andreotti, *Visti da vicino III*, Rizzoli

1986 Pasquale Festa Campanile, *La strega inamorata*, Bompiani

1987 Enzo Biagi, *Il boss è solo*, Mondadori

1988 Cesare Marchi, *Grandi peccatori, Grandi cattedrali*, Rizzoli

1989 Umberto Eco, *Il pendolo di Focault, Bompiani*(움베르토 에코, 『푸코의 진자』, 이윤기 옮김, 열린책들)

1990 Vittorio Sgarbi, *Davanti all'immagine*, Rizzoli

1991 Antonio Spinosa, *Vittorio Emanuele I. L'astuzia di un re*, Mondadori

1992 Alberto Bevilacqua, *I sensi incantati*, Mondadori

1993 Carmen Covito, *La bruttina stagionata*, Bompiani

1994 John Grisham, *The Client*, Mondadori(존 그리샴, 『의뢰인』, 정영목 옮김, 시공사)

1995 Jostein Gaarder, *Sofies verden*, Longanesi(요슈타인 가아더, 『소피의 세계』, 장영은 옮김, 현암사)

1996 Stefano Zecchi, *Sensualità*, Mondadori

1997 Giampaolo Pansa, *I nostri giorni proibiti*, Sperling&Kupfer

1998 Paco Ignacio Taibo II, *Ernesto Guevara Tambien conocido como el Che*, Il Saggiatore

1999 Ken Follett, *The Hammer of Eden*, Mondadori

2000 Michael Connelly, *Angels Flight*, Piemme(마이클 코널리, 『앤젤스 플라이트』, 한정아 옮김, 알에이치코리아)

2001 Andrea Camilleri, *La gita a Tindari*, Sellerio

2002 Federico Audisio, *L'uomo che curava con i fiori*, Piemme

2003 Alessandra Appiano, *Amiche di salvataggio*, Sperling&Kupfer

2004 Bruno Vespa, *Il cavaliere e il professore*, Rai Eri, Mondadori

2005 Gianrico Carofiglio, *Il passato è una terra straniera*, Rizzoli

2006 Andrea Vitali, *La figlia del podestà*, Garzanti

2007 Frank Schätzing, *Tod und Teufel*, Nord

2008 Valerio Massimo Manfredi, *L'armata perduta*, Mondadori

2009 Donato Carrisi, *Il Suggeritore*, Mondadori(도나토 카리시, 『속삭이는 자』,

이승재 옮김, 시공사)

2010 Elizabeth Strout, *Olive Kitteridge*, Mondadori(엘리자베스 스트라우트,
『올리브 키터리지』, 권상미 옮김, 문학동네)

2011 Mauro Corona, *La Fine del Mondo Storto*, Mondadori

2012 Marcello Simoni, *Il mercante di libri maledetti*, Newton Compton

2013 Anna Premoli, *Ti prego lasciati odiare*, Newton Compton

2014 Michela Marzano, *L'amore è tutto: è tutto ciò che so dell'amore*, UTET

2015 Sara Rattaro, *Niente è come te*, Garzanti

2016 Margherita Oggero, *La ragazza si fronte*, Mondadori

2017 Matteo Strukul, I Medici. *Una dinastia al potere*, Newton Compton

2018 Dolores Redondo, *Todo esto te daré*, Dea Planeta(돌로레스 레돈도, 『테
베의 태양』, 엄지영 옮김, 열린책들)

참고문헌

공문서·사문서

Archivio Storico Comune di Mulazzo

Archivio Storica Istituto Luce

Archivio Storico Parrocchia di Montereggia

Archivio Privaco Associazionce "Le Maestà di Montereggio"

Archivio Privato Fogola Fiorella

Archivio Privato Tazzarelli Luigi

Archivio Privato Lorenzo Sola

Archivio Privato Maucci Giacomo

Foto Archivio di Sapori G., Università degli Studi Roma Tre

일간지

Avvenire, Roma, 02/01/2000

Corriere Apuano, Pontremoli, 23/06/1913

Corriere Apuano, Pontremoli, 22/10/1952

Corriere Apuano, Pontremoli, 22/08/1953

Corriere Apuano, Pontremoli, numeri vari, 1914~1918

Osservatore Romano, Città del Vaticano, 30/09/2000

Osservatore Romano, Città del Vaticano, 01/10/2000

Osservatore Romano, Città del Vaticano, 02/10/2000

Osservatore Romano, Città del Vaticano, 03/10/2000

Corriere della Sera, Milano, 04/09/1917

Caffaro, Genova, 04/09/1917

정기간행물

AAVV, *Il Mensile Apuo Lunense*, Carrara: Italia Nostra

AAVV, *Villafranca nel Ducato di Parma*, Pontremoli: Ass. Manfredo Giuliani, 1971

AAVV, *Giornale Storico dellla Lunigiana*, La Spezia: 1st. Internazionale di Studi Liguri, 1983

AAVV, *Scritti sul commercio librario in Italia*, Roma: Archivio Izzi, 1986

AAVV, *Almanacco del Bancarella*, Pontremoli: Unione Librai Pontremolesi, 1991

AAVV, *La fabbrica del libro*, Volumi 3-4, Arte Tipografica, 1997

AAVV, *Per Terre Assai Lontane. Cento anni si emigrazione lunigianese capuana*, Sarzana: Comunità Montana della Lunigiana, 1998

AAVV, *Almanacco Pontremolese*, Pontremoli: Centro Lunigiance di Studi Giulidici, 2009

AAVV, *Almanacco Pontremolese*, Pontremoli: Centro Lunigianese di Studi Giulidici, 2015

서적

Angela A., *Vita e morte al tempo del colera in una comunità rurale della Lunigiana Parmense*, Villafranca: Ass. Manfredo Giuliani, 1989

Barbè G., *Breve guida storica di Novara*, Novara: Tipolitografia Artigiana, 1976

Barbè G., *Novara P'agine di storia. ⋯di documenti, di memorie ed anche di curiosità: pagine dimenticare nelle biblioteche e negli archivi che rivelano momenti di vita della città nella quale trascorriamo la nostra esistenza.*, Novara: Libreria Lazzarelli, 1997

Barducci M., *Almanacchi, lunari, calendari e strenne*, Firenze: Comune di

Firenze, 2006

Bazil O., *Parnaso dominicano*, Barcellona: Editorial Maucci, 1915

Berengo M., *Intellettuali e librai nella Milano della Restaurazione*, Torino: Enaudi, 1980

Berengo M., *Cultura e istituzioni nell'Ottocento italiano*, Bologna: Il Mulino, 2004

Bononi L. J., *Jacopo da Fivizzano prototipografo*, Brescia: Fausto Sardini Editore, 1971

Bononi L.J., *Libri & Destini: La cultura del libro in Lunigiana nel secondo millenio*, Lucca: Maria Pacini Fazzi Editore, 2000

Brame C.M., *Nobleza Y Miseria*, Barcellona: Casa Editorial Maucci, 1936

Caddeo R., *La tipografia Elvetica di Capolago. Uomini, Vicende, Tempi*, Milano: Ed. Alpes, 1931

Caselli C., *Lunigiana Ignora*, Mulazzo: Tarka edizioni 2017 (prima edizione 1933)

Cavalli G., *Note e appunti per una storia delle abitudini alimentari in Lunigiana*, La Spezia: Quaderni dell'Associazione "Manfredo Giuliani" per le Ricerche Storiche ed Etnografiche della Lunigiana 10, 2014

Cavalli G., *Note di Etnografia e di Folklore La Castagna Raccolta, lavorazione e uso nella undizione e nel folklore lunigianesi*, Estratto da Studi Lunigianesi Anno 12-13, 1982-1983, Pontremoli: Artigianelli, 1984

Circolo Culturale Piero Ravasenga, *Romeo Giovannacci: una vita tra i libri*, Casale Monferrato, 2004

Cognato E., *Storia di Novara*, Novara: Interlinea si Edizioni, 1992

Diaz Quiñones A., *1898: Hispanismo y Cuerra*, Vol. 39, Lateinamerika Studien, 1998

Eco U., *Carolina Invernizio, Matilde Serao, Liala*, Firenze: Ed. La Nuova Italia, 1979

Formentini U., *Studio Monastero di Santa Maria*, Parma: Archivio Storico delle Province Parmensi, 1935

Fossati A., *Pagine di storia economica sabauda: 1816-1860*, Torino: Ed.

Giappichelli, 1940

Franchi G. – Lallai M., *Da Luni a Massa Carcaci - Pontremoli. Il divenire di una diocesi fra Toscana e Liguria dal TV al XXI secolo*, Modena: Aedes Muratoriana, 2000

Fruzzetti G., *In Mulazzo*, Sassari: Editoriale Documenta, 2017

Galanti L., *Un feudo un sintuario*, Montereggio: Pro Loco Montereggio, 1976

Gerini E., *Memorie storiche d'illustri scrittori e di uomini insigni dell'antica e moderna Lunigiana* vol. 2, Massa: Pier Luigi Frediani Tipografo Ducale, 1829

Giangiacomi P., *Ernesto Fogola*, Ancona: Ed. Fogola, 1923

Greci A., *Escursioni in Lunigiana*, Padova: Idea Montagna Ed., 2017

Infelise M., *Aldo Manuzio, La costruzione del mito*, Venezia: Marsilio Editori, 2016

Llanas M, "Notes sobre l'Editorial Mauccii lesseves traduccions", *Quaderns: Revista de Traducció*, Barcellona: Universitat Autonoma de Barcellona, 2002

Lanzi L., *Francesco Fogolla Missionario e martire*, Parma: Frati Minori Convento SS. Annunziata, 1996

Lanzi L., *Francesco Fogolla apostolo in Cina*, Parma: Frati Minori Convento SS. Annunziata, 1997

Lanzi L., *Francesco Fogolla e i marriri ciuesi. Raccolta iconografica*, Parma: Fradi Minori Convento SS. Annunziata, 2000

Mangani G., *Editori e Librai nell'Ancona del Novecento*, Ancona: Il Lavoro Editoriale, 1998

Manoguera M., *Lunigiana Dantesca*, La Spezia: Centro Lunigianese di Studi Danteschi, 2006

Martin L., *Los parnasos de la Editorial Maucci: Reflejos del ocaso de la hegemonía colonial*, Selinsgrove: Susquehanna University, 2015

Martinelli G. B., *Origine e sviluppo dell'attivita' dei Librai Pontremolesi*, Pontremoli: Tipografia Martinelli,1973

Martinelli G. B., *I Librai Pontremolesi. Storia esemplare di un meraviglioso mestiere*, Mulazzo: Ed. Tarka, 2015

Ranci Ortigosa De Corte P., *1848: Un ragazzo alle cinque giornate di Milano*, Milano: Xenia, 1990

Repeti A., *1840-1851: Luigi Dotresio da Como e la Tipografia elvetici di Capolago*, Roma: Tipografia Nazionale, 1887

Sapori G., *Il Libro dei Mestieri di Bologna nell'arte dei Carracci*, Roma: Editoriale Artemide, 2015

Serrano de Wilson E., *El mundo literario americano*, Buenos Aires: Ed-Maucci Hermanos, 1903

Solari G., *Almanacchi, lunari e calendari toscani tra il '700 e '800*, Firenze: Casa Ed. Leo, 1989

Stommel H. ed Stomme E., *L'inno senza estate*, Roma: Lc Scienze, 1979

Tripeleff E., *La Storia della Signora dei Libri e del Libraio Suo Marito Romanzetto*, Novara, 2017

Turi G., *Storia dell'editoria nell'Italia contemporanea*, Firenze: Giunti, 1997

Zanzi L., *Un ventennio di vita varesina dal 1850 al 1870. Mamore attorno al dott. Ezechiele Zanzi*, Como: Ostinelli, 1889

Wood G., *Tambora, the eruption that changed the world*, Princeton, New Jersey: Princeton University Press, 2015

감사를 표할 곳들

Accademia Italiana della Cucina Delegazione Lunigiana

Associazione Farfalle in Cammino Turismo Responsabile

Associazione "Le Maestà di Montereggio"

Associazione "Manfredo Giuliani" Per le ricerche storiche e etnografiche della Lunigiana

Biblioteca Civica "E. Gerini" Fivizzano

Biblioteca Comunale di Urbania

Biblioteca Nazionale Marciana Venezia

Centro Lunigianese di Studi Danteschi Mulazzo

Moravská zemská knihovna v Brně / The Moravian Library in Brno

Museo Archivio della Memoria Bagnone

Museo della Stampa Jacopo da Fivizzano

Pro Loco Montereggio Paese dei Librai

Buon Viaggio!

오월의 노래
봄이 오니 사람들 모두 기뻐하고 평안무사를 기원하네
마을 남자들은 모여서 노래를 부르며 한 집 한 집 돌고
집집마다 와인과 요리를 차려 반갑게 맞아주네
행상들은 산막이* 노래의 전송을 받으며 책을 메고 떠나네

• 山開き: 봄을 맞아 산골 사람들이 손님 맞을 준비를 마침.

몬테레조 작은 마을의 유랑책방

ⓒ 우치다 요코

초판 인쇄	2019년 10월 25일
초판 발행	2019년 11월 4일
지은이	우치다 요코
옮긴이	류순미
펴낸이	강성민
편집장	이은혜
기획	노만수
편집	이여경
마케팅	정민호 정현민 김도윤
홍보	김희숙 김상만 오혜림 지문희 우상희
펴낸곳	(주)글항아리｜출판등록 2009년 1월 19일 제406-2009-000002호
주소	10881 경기도 파주시 회동길 210
전자우편	bookpot@hanmail.net
전화번호	031-955-8891(마케팅) 031-955-1936(편집부)
팩스	031-955-2557
ISBN	978-89-6735-683-5 03900

• 이 도서의 국립중앙도서관 출판시도서목록(CIP)은 서지정보유통지원시스템 홈페이지
(http://seoji.nl.go.kr)와 국가자료공동목록시스템(http://www.nl.go.kr/kolisnet)에서
이용하실 수 있습니다. (CIP제어번호 : CIP2019040887)

www.geulhangari.com